提燈者言

廣華醫院護理教育歷史

策劃·東華三院檔案及歷史文化辦公室

主編·黃文江　羅婉嫻　范永聰

整理及撰稿·馬少萍

中華書局

目錄
Contents

甲篇 ✚ 建置沿革之由來

乙篇 ✚ 口述歷史之視角

第五章　運籌帷幄：統領的藝術

第六章　精英薈萃：部門發展與起飛

第七章　精益求精：專科與時代並進

附錄 ✚

序
Foreword

　　在醫院管理局於 1990 年成立前，本地的醫院服務分別由政府醫院、補助醫院和私家醫院提供。東華三院轄下共有五間醫院，分別是東華醫院、廣華醫院、東華東院、東華三院黃大仙護養院及東華三院馮堯敬療養院，是補助醫院的最大持份者。其中位於九龍油麻地的廣華醫院，於 1911 年 8 月根據《東華醫院擴充法規》成立，是九龍半島首間醫院。至於「東華三院」這個名字，是 1929 年東華東院成立後，政府和東華醫院決定三間醫院由一個董事局統一管理，在 1930 年立法、1931 年開始使用的。

　　廣華醫院成立後不久，病人數目日增，醫院內為數極少的護理人員已不能應付繁重的工作，廣華遂於 1922 年率先招聘女看護生於病房內協助照顧病人及學習護理知識。1927 年東華醫院和 1929 年東華東院相繼開辦護士課程，培訓護士的數目和質素日漸提升，為東華及本地醫療服務提供一定護理人手。往後數十個寒暑，三間醫院從各自訓練護士至 1960 年代初合併於廣華醫院護士學校統一訓練。最終護校因配合政府政策而於 2002 年停辦，完成歷史任務。隨着本地護士邁向更專業化，東華屬下醫院以培訓新入職的學位護士踏進另一個階段，廣華醫院中央護理部肩負護理教育的責任，統籌學位護士生臨床實習安排、主管助產士培訓及在職護士持續進修。

　　廣華醫院由一百年前開始訓練護士，培育了近萬名男女護士及助產士，他們對東華三院及香港的醫療服務貢獻良多。為了重溯這段護理教育歷史，東華三院於 2021 年委託香港浸會大學歷史系黃文江教授及其研究團隊，就廣華醫院護理教育發展史展開研究，除了梳理

不同的歷史檔案及資料，更邀請了 24 位廣華醫院的護理人員，包括護士學校畢業生、護校校長和老師、護理總經理和部門運作經理及各專科護士，進行口述歷史訪談，探討廣華護理教育於香港醫療發展的重要性、護士角色的轉變及透過他們的工作經歷反映香港社會發展的不同面貌。這項研究計劃的成果不但豐富了東華在護理教育及醫療發展的歷史，對研究香港公共衛生及社會演變更有莫大意義。為此，我們把是次研究計劃的成果結集成《提燈者言：廣華醫院護理教育歷史》一書與公眾分享。

　　歷史教育重視承傳，我們感謝研究團隊特別安排 10 位浸會大學歷史系的學生以及邀請協恩中學和何明華會督銀禧中學的學生一同參與口述歷史訪談，學習訪問技巧及協助整理文稿，令計劃更添意義。同學們的所感所思，記於本書的第八章「記錄者心聲：生命的禮讚」。因時間及資料所限，是項計劃研究範圍集中於 1990 年醫院管理局成立前，希望有助將來更多專家學者研究香港醫療史。最後感謝香港中華書局（香港）有限公司出版此書，為香港護理發展史提供重要的參考資料。

東華三院檔案及歷史文化委員會 2022/2023

2022 年 11 月

導言
Preface

踐行醫療使命，

受訓護士乃祝福人世間重要的一員，

其地位與良醫和善牧並列，當仁不遜。[1]

—— 奧斯勒（William Osler）

護士鼻祖南丁格蘭捨己為人之服務精神，

其美德傳播千古，

諸生畢業後，入醫藥界從事於社會服務，

當為病者之保姆，

本捨己為人之精神，追隨南丁格蘭之偉大人格，

克盡人類天職，

毋負數年來各位師長與本三院培植人材之用心與期望。[2]

—— 己丑（1949）年東華三院主席 周湛光

　　十九、二十世紀之交，被譽為「現代醫學之父」的奧斯勒醫生充
分肯定受訓護士的貢獻。近代護士的專業發展以南丁格爾（Florence

1　原句：The trained nurse has become one of the great blessings to humanity, taking a place beside the physician and the priest, and not inferior to either in her mission. 詳見 William Osler, *Aequanimitas: With other Addresses to Medical Students, Nurses and Practitioners of Medicine* 2nd edition. (Philadelphia: P. Blakiston's Son & Co., 1910), p.163.

2　周湛光〈三院護士畢業典禮致詞〉，《東華月刊》3卷9期（1950年10月），頁4。

Nightingale, 1820-1910）為奠基人，其「提燈者」形象深得人心。1860 年代起，歐美多地受南丁格爾的啟蒙，紛紛建立護士教育制度，提升護理專業水平。對於在克里米亞戰爭（Crimean War, 1853-1856）中受傷的官兵，南丁格爾的睿智和勇氣，仿似是照亮黑夜的明月。當時，她帶領 38 位女士，在土耳其斯庫台（Scutari）的四所臨時軍人醫院服務。她在資源匱乏下創造條件，治療和安慰院內的傷兵。1855 年 2 月，倫敦《泰晤士報》（*The Times*）刊出報道，以手提「午夜燭光」（midnight vigils）的形象，描繪她在晚上巡察病房的情況。同月，《倫敦新聞畫報》（*Illustrated London News*）刊登她提燈照料傷患的黑白版畫，此圖像隨即引起各界迴響。除了啟發更多以「提燈女士」（The Lady with a Lamp）為主題的藝術作品，她更成為英國家喻戶曉的護士代表人。

南丁格爾的影響深遠，她關注軍隊的健康。她以軍人醫院的日常數據為理據，進言英國陸軍部（War Office）改善軍隊的衛生條件。1856 年 2 月，戰爭結束，她返國休養。及後，她繼續以統計工具，參與研究和推動英國的衛生改革。1858 年，她成為皇家統計學會（Royal Statistical Society）首名女性會員。此外，她接納衛生改革推手之一的查維克（Edwin Chadwick, 1800-1890）建議，以淺易的語文寫成《護理劄記》（*Notes on Nursing: What It Is, and What It Is Not*）。該書在 1859 年出版，短短兩個月內在英國售出 15,000 本；旋即於美國出版，同亦廣受注意。不及兩年，美國發生內戰，軍事醫院的營運

和管理者紛紛向她取經。往後的一二十年，她分別在英、美兩地推動護士專業訓練的發展。此外，她多年來關注英國派駐印度的士兵及軍人醫院的衛生條件，改革當地軍人醫院匯報病者數據的方式，有效了解及研究改善醫院管理以至社區的公共衛生。[3]

　　說到香港，廣華醫院的護士訓練課程發揮了承先啟後的作用，兼顧了傳授專業知識以及啟發學員關懷患者。1922 年為護士訓練課程之開始，醫院起初有意招收男、女看護生；但當時男看護生的申請並不踴躍，故廣華醫院以女看護生為主。踏入 1920、30 年代，九龍區人口快速增長，婦產科服務需求甚為殷切，廣華醫院拓展女護士及助產士的培訓。廣華醫院護士訓練課程因應立法局於 1931 年通過《護士註冊條例》（*Nurse Registration Ordinance*），修改護士訓練及考核的要求。護士註冊制度確立後，廣華醫院護士畢業生的專業資格獲得認可，出路亦較以前廣闊，他們可以到不同的地區工作，如前往新界各處服務不同階層的人士。1941 年 12 月至 1945 年 8 月，日本佔領香港，廣華醫院的醫護在資源匱乏的環境下，勉力維持醫療服務，成為九龍地區唯一服務普羅大眾的醫院。

　　戰後，九龍區人口持續增長，廣華醫院肩負了重大的醫療責任。作為一所政府補助和慈善醫院，廣華醫院每天有大量的病人輪候求診和入院，護理工作十分繁重。醫院致力培訓護士，以擴大護理團隊，迎合不斷增加的醫療需要。1960 年廣華醫院新護士校舍和宿舍落成，提升了護理教學的規模。隨着醫學的發展，護理課程與時並進，讓護士學生和護士獲得最新的專業護理知識。從最初加入「初級護理課程」，到其後畢業生透過不同的培訓，晉升為專科護士，使香港護理發展更趨專門化。1990 年代前，廣華醫院的病房仍是十分擠

3　從史料看她的生平事跡，詳見：Lynn McDonald, *Florence Nightingale at First Hand*. (London: Continuum, 2010). Lynn McDonald 主編了共十六冊的南丁格爾全集，見 *Collected works of Florence Nightingale*. (Waterloo, Ont. : Wilfrid Laurier University Press, 2008)

迫，帆布病床廣泛使用，縱然護理工作環境未如理想，但廣華醫院仍作出多方面的改善，以完備護理教育的發展。

　　本書以口述歷史的方式，訪問了 24 位護理人員，他們是 1960 年代至 1980 年代廣華醫院護士學校的畢業生或是在學校從事護理教育和行政多年的護士。訪問記錄了他們重要的人生經歷：學習護理知識到成為專業護士，並繼續進修從而成為護理專業的領航者。他們堅守各自的護理崗位，發揚南丁格爾的專業護理精神。他們見證了香港戰後護理教育的發展，生動描繪了廣華醫院如何善用資源，為香港市民提供優質和嶄新的醫療和護理服務。

　　本書首兩章提供一個較全面的香港護理教育歷史，讓讀者可以掌握香港的醫療和護理發展背景。其後再結合護士訪問內容，讀者將能更全面認識廣華護理教育的進程，以及其對香港醫療作出的貢獻。接着根據受訪者的訪問內容分類，記載了他們學習和工作的辛勞和廣華醫院護理教育對香港醫療的重要性。最後，收錄了「記錄者心聲：生命的禮讚」，由十名負責訪問的浸會大學歷史系學生撰寫，記錄他們參與是次口述歷史計劃的點滴。在書末附上「廣華醫院及護理發展大事年表」，讓讀者更容易掌握廣華醫院的發展。

黃文江、羅婉嫻、范永聰

建置沿革之由來

第一章

1945 年以前廣華醫院
護理教育歷史

撰文：黃文江

（一）可以培養各學生之人格、

（二）可以救護病人、

（三）可以研究公共衛生及科學式之療養方法。[1]

—— 乙亥（1935 年）東華三院主席
冼秉熹論東華三院護理教育的目標

一、背景：護理教育在香港之啟程

從近代醫療歷史說起，護理教育與現代醫院不可分割。但醫院的出現，卻不意味護理教育的開始。1848 年，香港政府成立「國家醫院」（Government Civil Hospital），但院內早年沒有護士的編制，根本談不上護理教育。及後，香港政府建立另一所醫院「性病醫院」（Lock Hospital），以執行《傳染病條例》（Contagious Diseases Act）的要求，針對性病的傳播為妓女定期驗身。此醫院內雖設有護士長的編制，但其服務及工作環境顯然不適合發展護理教育。1892 年醫院改名為「婦女性病醫院」（Women's Hospital for Venereal Disease），兩年後結束並納入政府醫院內增設的「婦女性病病房」。1910 年 1月，《香港政府憲報》刊出通告，政府醫院及維多利亞醫院的訓練課程獲「英格蘭中央助產士管理委員會」（Central Midwives Board of England）認可。[2] 此為政府醫院提供護理教育的開始，起初接受訓練的以外籍人士為主，亦有少數操流利英語的本地青年人。

香港歷史上首位華人護士，恐怕未可考，遑論其生平事跡。但可確定的是，首位華人護士長為關黎氏。她的人生經驗十分傳奇：年

1 〈東華三院舉行女護士畢業禮：醫生與護士之職業不應商業化，業此者當負責解除民眾之痛苦〉，《香港工商日報》，1936 年 2 月 1 日。

2 *The Hong Kong Government Gazette* (14 January 1910), p. 40.

約 1910 年西營盤國家醫院。國家醫院是最早開辦的政府醫院之一，為市民提供西式醫療服務。（高添強提供）

幼因逃避戰火與家人失散，不幸成為孤兒。後獲美國傳教士收留，撫養成人並提供英語和現代知識的教育。長大後與基督徒牙醫關元昌結婚。除了協助丈夫的牙醫診所工作，她亦曾協助管理教會學校。既是賢妻良母，也是熱心於教會工作的信徒典範，深得傳教士和信眾信任。1887 年何啟與倫敦傳道會（London Missionary Society）合力建立雅麗氏利濟醫院，她出任首位護士長照料病者，又擔任醫療傳教士醫生的中文翻譯員，促進醫患溝通，建立求診者之信任。[3] 1891 年，倫敦傳道會派出護理專業經驗豐富的傳教士史提芬夫人（Mrs. Helen D. Stevens）接任關黎氏的工作。她的貢獻有二，其一、仿傚英國醫院護理病人的規程，如：「洗浴和清潔的條例，規定病人要換醫院的

3　Wong Man Kong, "The Stories of Urban Christian Women in Nineteenth-Century South China: With Special Reference to the Missionary-related Sources," Clara Ho ed., *Overt and Covert Treasures: Essays on the Sources for Chinese Women's History*. (Hong Kong: Chinese University Press, 2012), pp. 543-570.

1893 年的那打素醫院（雅麗氏何妙齡那打素慈善基金會提供）

衣服，太髒的衣物須燒毀等。」[4] 其二、1893 年史提芬夫人開始接受
個別的女護士學徒，傳授護士及助產士的專業知識。順帶一提，1893
年又是那打素醫院落成的年份，成為女護士學徒接受訓練的地方。
1903 年，她結束香港的工作，一共訓練了 13 名學徒。[5] 此為香港出現
護理教育的開始，她的歷史貢獻是「改變了許多華人甚至基督徒對醫
療中厭惡性工作的偏見」。[6] 把這段歷史與廣華醫院聯繫起來的是張
漢英護士。她在那打素醫院受訓，1919 年獲廣華醫院聘為首位看護
婦，1923 年為首位接生婦。[7]

4　梁卓偉：《大醫精誠：香港醫學發展 130 年》（香港：三聯書店，2017 年），頁
　　195。

5　巴治安（Paterson, E. H）著、陳永嫻譯：《矜憫為懷：雅麗氏何妙齡那打素醫院百
　　週年紀念特刊》（香港：雅麗氏何妙齡那打素醫院，1987 年），頁 29-30。David
　　Kang, "Missionaries, Women, and Health Care History of Nursing in Colonial Hong
　　Kong (1887-1942)," (PhD Thesis, The Chinese University of Hong Kong, 2013), p. 68.

6　梁卓偉：《大醫精誠》，頁 195。

7　《一九一九至一九二八年廣華醫院信錄》。

《1919 年廣華醫院徵信錄》列有看護婦
張漢英的酬金為三十五員（元）

二、1941 年前廣華醫院護理教育的歷史點滴

　　踏入 1900 年，九龍人口數目快速增加。東華醫院總理體恤九龍的勞苦大眾「渡海往東華求醫」的困難，[8] 遂配合政府建議，於 1906 年在油麻地籌建一間新醫院。政府推舉何啟、韋寶珊和劉鑄伯等人出任倡建總理，華民政務司出任主席。1907 年由政府撥出土地及資助興建費用，工程隨即展開，此為廣華醫院的起點。隨後政府頒佈《1911 年東華醫院擴充法規》，規定廣華醫院董事局必須由九龍居民代表組成，財政及人事權責則由東華醫院董事局負責，醫院於 1911 年 10 月 9 日開幕，病床數目 72 張。因需求殷切，所以病床數目不斷增加，1931 年已經增至 334 張。[9] 另一個具有參考價值的視點是使用產科服務的人數：從 1917 至 1940 年的產科孕婦有 58,994 人，醫院全體病人人數則有 269,431 人，即佔整體的 21.89%。[10] 若以 1935 年為例，廣華醫院產科是東華三院之首：廣華醫院有 4,439 人、東華

8　〈廣華醫院史略〉，《香港東華醫院月刊》第 1 期（1931 年 9 月），頁 15。

9　同上註。

10　李三元：《衝突、並存與延續：從廣華醫院看香港中西醫發展，1910 年代至 1940 年代》（香港：香港中文大學人文學科研究所，2019 年），頁 225。

1911 年廣華醫院啟用，港督盧吉（中間戴帽者）及總登記官（後改稱華民政務司）蒲魯賢（中間穿西裝者）親臨開幕典禮。

1930 年代的廣華醫院

醫院有 1,833 人、東華東院有 1,150 人。[11] 另一方面，從政府公佈數字相比，1911 年至 1940 年的九龍人口增長達六倍之多。從 1921 年至 1931 年兩次的人口普查所見，九龍人口最多的地區是油麻地，第二、三位分別是旺角和大角咀及深水埗。這三個地區佔了整個九龍人口 65% 至 75%，而廣華醫院對三區而言皆僅為步程可及之遙（詳見表 1.1）。由此可見，廣華醫院對居住於九龍大眾的日常生活是何其重要。

**表 1.1：1911 年 -1940 年九龍華人人口數字
及首三個人口最多的地區的人口數目及其佔九龍總人口的百分比 [12]**

	1911	1921		1931		1940
總數	67,497	120,262		263,020		406,081
首三個地區		數目	百分比	數目	百分比	
油麻地	**	32,066	27%	68,596	26%	**
旺角	**	29,208	24%	59,740	22.7%	**
大角咀及深水埗	**	16,391	14%	67,184	25.5%	**

説明：

1. 1911 年及 1921 年的統計劃分了華人及非華人的數字。雖然 1931 年及 1940 年的人口數字沒有分開華人與非華人來統計，但畢竟華人佔香港人口近 95%，故所得的數字足以反映華人在九龍的高速增長。
2. 1911 年的人口統計沒有分區的統計。1941 年沒有舉行十年一度的全港人口普查，只能以 1940 年的《香港藍皮書》（*Hong Kong Blue Book*）的九龍人口資料作參考，但其中沒有分區的人口數目。因此，上表沒法顯示 1911 年及 1940 年的分區數字作比較。

---

11 〈東華三院舉行女護士畢業禮〉。值得一提，這個趨勢不是 1935 年獨有的。綜合戰前的政府報告書數據，廣華醫院的婦產科在不同時期均成為戰前香港各醫院提供婦產科的最大比率：65%（1920 年 -1925 年）、72%（1930 年）、55%（1939 年）。詳見，李三元《衝突、並存與延續》，頁 253-255。

12 九龍人口數字來源："Report on the Census of the Colony for 1911." Sessional Paper 1911, (Hong Kong: Hong Kong Government, 1912), p. 103(10); "Report on the Census of the Colony for 1921." Sessional Paper 1921, (Hong Kong: Hong Kong Government, 1922), pp. 173-174; "Report on the Census of the Colony for 1931." Sessional Paper 1931, (Hong Kong: Hong Kong Government, 1932), p. 104.

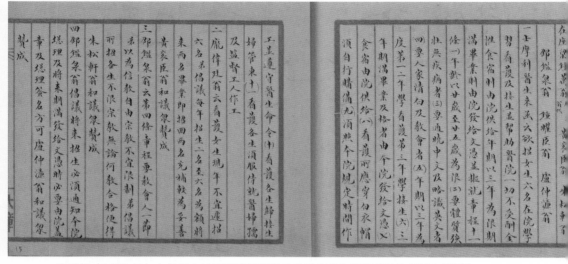

辛酉年（1921 年）十月初六日廣華醫院董事局會議紀錄有關廣華醫院招募女看護生的討論

　　除了病床數目外，醫院的服務亦有所拓展，其中尤其重要的是於 1919 年增設的產科和 1922 年開辦的女看護班。看護班是廣華醫院護理教育的起點，亦標誌為本港華人醫院的創舉。[13] 院內早期的護士編制分為男、女兩班，各有看護長和看護。為了便利產科，接生全由經醫院訓練的女性負責，既有專任的「接生」，亦包括女看護及多名的女看護生。1931 年的〈廣華醫院史略〉一文有以下的記述：「民國十一年新設女看護一班，招生六名，是為本院有女看護之始，其後歷屆畢業，續招新生，並加增數額。至本年已有六屆畢業。現時有女看護生二十七名。」[14] 從 1931 年的名單可見護士及護士學生團隊的規模。詳見表 1.2。

13　Kang, "Missionaries, Women, and Health Care History of Nursing in Colonial Hong Kong (1887-1942)," p. 151.

14　〈廣華醫院史略〉，頁 15。

表 1.2：1931 年廣華醫院護士、護士學生名單 [15]

甲、男護士	
看護長	朱兆虔
看護	劉彭貽、毛卓燊、曾禮廷、葉景福、林舉齡、蔡飛、鄧廷芳、徐衛庭、鍾維新、蘇佳、劉景雲、麥恩光、曾雲、李貴生
乙、女護士	
接生	潘蘊山、何佩貞
看護長	陳仲寶
看護	林潔英
看護生	梁希孟、林建虹、梁劍芳、林淑賢、林蕙文、韓幗英、吳少芳、曾婉芳、馮少卿、吳倚娟、周儀貞、黃淑斌、許玉清、鄭少瑜、陳帖雲、劉競雄、劉慕貞、袁慶芬、鄺愛平、關偉貞、黃秀英、羅惠德、梁念慈、李佩真、莫綺湘、黃信堅、薔珍納

說明：

1. 校對表 1.2 和表 1.4 的姓名，表 1.2 中林建虹和吳倚娟兩位的姓名擬似有誤。若以表 1.4 為準，她們應是：林建鴻、吳綺娟。
2. 校對表 1.2 和表 1.4 的姓名，表 1.2 中有八位的姓名沒有在表 1.4 出現，即：梁劍芳、韓幗英、吳少芳、黃淑斌、鄭少瑜、關偉貞、梁念慈、薔珍納。據 1932 年至 1934 年廣華醫院及東華醫院的《徵信錄》，她們先後退出這個課程。

　　東華醫院掌院醫師潘錫華醫生在 1936 年初舉行的護士畢業禮指出，三院是「本港訓練護士人才之最大機構」。他帶出了護理教育的必要性：「訓練護士為近代新式醫院中之不可缺者，亦猶屋之有棟樑也，醫院之工作完善與護士有密切關係，若辦理醫院妥善，必須有善法訓練護士，然後方有成績」；他又分析三院在訓練護士方面的相對優勢：「三院病人既多，則奇難雜症自多，工作與知識因此而廣，以訓練看護最為合適者也。」[16]

　　護理教育的教學工作由該院的掌院醫師以及其他當值醫生負責，另三院取得政府的支持，從政府醫院借調三位畢業於香港大學的

---

15 〈廣華醫院男看護姓名表〉、〈廣華醫院女接生看護員姓名表〉、〈廣華醫院女看護員生姓名表〉，《香港東華醫院月刊》第 1 期 1931 年 9 月，頁 82-83。

16 〈東華三院舉行女護士畢業禮〉。

1931 年廣華醫院女護士班上課情況

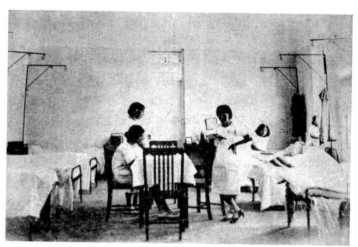

1930 年代東華醫院看護生攝於宿舍內

女醫生親授護理、婦產科及其他醫學知識，即：賴寶川、鮑賽珠、鄭杏如。三位女醫生之中，賴寶川在政府架構中年資最深，[17] 她亦是香港大學醫學院首名女學生，頗受關注，為社會開風氣之先。因她居於啟德道，便順理成章受政府委派到廣華醫院。潘錫華力證三院護士課程具良好教學效能，「遵政府看護局規定之課程，其程度與試驗，正院與別院同，而考試所得之成績，並不遜於別院」。[18] 順帶一提，潘錫華是1931年香港政府「看護局」的成員之一，有份參與制定護士的專業要求。[19] 據廣華醫院掌院醫師鮑志誠醫生所說，1934年有十人投考政府設立的護士試，合格者有八位；1935年則有十人投考，合格者有八位，其中兩位獲優異成績。[20] 潘錫華對於三院的畢業護士抱有很高的期望，與冼秉熹主席的觀念一而貫之，茲引述如下：

> 年前曾有人討論，謂：貧如東華，究竟護士是否虛設？須知近代醫學多與護病學有密切之關係，病者之安息，其復元之早晚，及有時病者之生死，多賴護病之適宜與否。故醫院必備護士，實不容忽視。惟醫師與護士之職業，不應商業化，業此者當常以「為民眾除痛苦」之責任自負，而不應斤斤於金錢也。故護士之訓練，除應有課程外，還須注重「護德」，如盡職利人為公眾服務等。護生畢業後，不應以既得證書自滿。須知此證書，如商標一般，貨品之好劣，全賴其製造之精粗，而護士之品格，亦全賴其在院

17　"Civil Establishment," *Hong Kong Blue Book 1935* (Hong Kong: Hong Kong Government, 1935), p. (J)73.

18　〈東華三院舉行女護士畢業禮〉。

19　*The Hong Kong Government Gazette* (16 October 1931), p. 710.

20　"Graduation of Nurses: Distribution of Certificates at the Tung Wah Hospital, Lady Southorn Praises Work." *South China Morning Post* (1 February 1936).

內訓練之良莠也。[21]

在畢業禮之上，修頓夫人（Lady Southorn，即：輔政司夫人；本名：貝拉·雪梨·伍爾夫 Bella Sidney Woolf）一如以往的強調自主新女性的角色，[22] 尤其注重女護士發揮移風易俗的功能，改變本地華人社會對於衛生的迷思，其影響力可幅射至中國。她的發言的譯文節錄如下：

> 曾記本人於 1908 年初到印度錫蘭島時，錫蘭人甚不願其女子當看護，但本人於 1926 年離島時，則錫蘭女子已經陸續加入操看護事業，且對於看護工作亦已大有可觀。現下本人目睹此處情形，亦與錫蘭無異。不過變遷之時期，則比較為快，大抵中國女子毅力較強，而其宗旨立定，即勇往直前，不致荒廢時間也。本人居留香港已有十年，而在此十年中，見中國女子自經解放後，其進步之速，致足驚人，極堪欽仰。至能運用其自由，向看護方面工作用功，確為無上之志趣。蓋幹練之女看護，不祇限於香港一隅，且可向中國內地致力，直為救護人類疾苦之福星也。就多數之貧苦婦孺方面着想，已覺看護工作之需求甚殷，況以同一種族語言之女看護定可以感化其同類之婦女，而泯滅其一切不良之迷信心理。若此，則女看護之對於中國

---

21 〈東華三院舉行女護士畢業禮〉。

22 在香港期間，她積極推動女童的身心發展，曾擔任香港女童軍總會會長十年之久，並協助尋得固定的會址。她亦十分支持不同的婦女團體，積極發揮不同的社會角色，這些團體包括：香港國際婦女會、香港保護兒童會、梅夫人婦女會、援助兒童聯盟、香港慈善社等。

貧人，豈非造福不少乎。[23]

上述發言中有兩點值得略為說明。其一、「解放」是指香港政府積極處理「妹仔」的問題，向社會釋放改善女性社會地位的信息。[24] 其二、所謂「不良之迷信心理」，護士楊桂榴的〈談談農村裡的產婦〉對有關問題提供了一些說明：

當他們將近生產的時候，第一件事就是去求神問卜，她們底房子啦，床啦，通通都是掛滿了符，甚至把這些無意識的什麼「催生符」喇，XX符啦，送進她們肚子裡去。……

這些沒有學識的穩婆們，認為胎兒一產下，胎盤就馬

---

23 〈東華三院舉行女護士畢業禮〉。修頓（蕭敦）夫人發言的原文：I came to Ceylon in 1908 Ceylonese parents did not look favourably on their daughters entering the nursing profession, but by the time we left Ceylon in 1926, Ceylonese girls had conquered prejudice and were doing excellent work as nurses. The same thing has happened here, only in a short period for when Chinese women make up their minds to do things they do not lose any time. The development and emancipation of the Chinese girl in the ten years we have spent here are amazing and in no direction do I feel that she has made better use of her freedom than in taking up nursing. Not only in Hong Kong but in the vast country of China is there scope for the good nurse to be a blessing to suffering humanity. Countless poor mothers and babies alone demand their skill and the ministration of their own country-women who know their language and persuade them to abandon their unwholesome superstitions must be an invaluable asset to the poor of China. 資料來源："Graduation of Nurses: Distribution of Certificates at the Tung Wah Hospital, Lady Southorn Praises Work." *South China Morning Post* (1 February 1936).

24 「妹仔」問題的根源十分複雜，既是華人社會制度與重男輕女的問題，又涉及國際對奴僕問題的看法。如此種種形成了英國殖民地部與香港政府之間的矛盾，引申出來的政策措施亦涉及馬來州邦以及海峽殖民地華人社區的「妹仔」問題。1931年，香港政府委任一名警隊督察及另聘兩名華人婦女協助，負責每半年探視「妹仔」，確保她們享有合理的對待。概括而言，1930年代英國不同殖民地逐步取締「妹仔」的問題。詳見 Susan Pedersen, "The Maternalist Moment in British Colonial Policy: The Controversy over 'Child Slavery' in Hong Kong 1917-1941." *Past & Present*, no. 171 (2001): 161-202.

上出來的了，要是還沒有出的話，那就用她底粗糙和污穢
的手指，放在產婦的喉裡（也許用髮尾）使她噁心作嘔，仍
然沒有功效的話，那又吃吃什麼神神怪怪的符了，⋯⋯。[25]

　　戰前廣華醫院招護士學生情況、學習階梯、工作待遇等的概
況，可從 1940 年 4 月 23 日的一則新聞報道得知。當時，申請人必須
先通過口試及體格檢查，方能入圍參與筆試，考卷由護士老師批改，
最後一關則「由總理最後決定」。有關入圍人數及取錄人數的資料，
詳見表 1.3。

表 1.3：1940 年 4 月申請東華三院護理教育入圍人數及取錄名額的數字對照表 [26]

	東華醫院		廣華醫院		東華東院	
	入圍人數	取錄名額	入圍人數	取錄名額	入圍人數	取錄名額
女看護	160	8	102	52	72	17
產科（護士）	1	1	10	8	無	無
男看護	53	12	12	4	13	3
總數	214	21	124	64	85	20

　　獲取錄者，需與東華三院簽合同，並繳交保證金 20 元，保證金
有利息收入。但若護士學生要求退學，必須有一個月的通知期，否則

---

25 《香港護士助產士聯會特刊》（香港：香港護士助產士聯會，1941 年），頁 27。
　　香港護士助產士聯會在 1940 年成立，這份特刊是首份出版物，具有珍貴歷史價
　　值。楊桂榴先後畢業於官立漢文學校及那打素醫院護校，在護士資格試中考得優
　　良成績。1937 年，她加入香港政府醫療服務系統，在新界地區服務十多年。踏入
　　1950 年代，她創辦添丁接生院和幸福托嬰所，又積極推動公共衛生，包括經常主
　　講麗的呼聲電台的健康節目。1956 年，她出任香港護士助產士聯會主席。有關她
　　的生平資料，見 "Nursing Study: List of Successful Local Candidates." *South China
　　Morning Post* (12 June 1936);〈手持燭光唱慈光曲，護聯會昨祝護士節，楊桂榴敍
　　述國際護士節的來由，籌建新會所該會募捐二十萬元〉，《大公報》，1956 年 5 月
　　13 日；〈基督教灣仔堂執事楊桂榴女士舉殯〉，《華僑日報》，1976 年 7 月 31 日。
26 〈東華三院護士試一星期後揭曉〉，《香港工商日報》，1940 年 4 月 23 日。

保證金由醫院充公；或因紀律問題遭革除學籍，保證金亦是由醫院充公。護士學習期為三年，部分或須再加一年的產科訓練。首年，護士需接受「初級試」；第二年，需通過考驗，取得合格；完成第三年便可畢業，並投考「護士事務局」主辦的畢業試，合格者可向政府註冊。護士學生每日須在醫院工作八小時，協助照顧病人，有月假 2 日及年假 28 日，首年的月薪為 12 元，初級試合格後的月薪為 15 元。[27]

除了應付醫院內的護理工作，廣華醫院護士亦深切關懷國家命運。1932 年 1 月 28 日發生在上海的「一·二八事變」激起各地的強烈迴響，香港也不例外。當時，報章報道：「油麻地廣華醫院全體女護士，以滬災奇重，亦提議籌賑，以助救災黎，昨函東華醫院總理報告彼等擬工作之暇，出發勸捐，東華醫院各總理接函後，甚贊成此舉，經函照辦，並附捐冊一本，該院女護士擬於日間出發云。」[28] 此外，3 月至 5 月期間，香港成立醫療隊前赴上海租界協助照顧受傷士

壬申（1932 年）元月十四日東華醫院董事局會議紀錄有關廣華醫院女看護生請纓到上海協助救傷工作的討論

27　同上註。

28　〈廣華醫院女護士出發勸捐〉，《香港工商晚報》，1932 年 2 月 18 日。

兵。醫療隊團長為女西醫鮑賽珠，東華醫院的江清波則為護士長，她們帶領東華、廣華醫院護士共 24 人以及 42 名聖約翰救傷隊成員，以及一批醫療物資，包括一輛救護車赴滬。據報，其間照顧了 500 名傷兵，只有一名士兵因頭部中彈而失救，其他傷兵可康復無恙。[29]

　　雖然東華三院刊物刊登護士的名單，但是未有包括其他信息。因此，香港政府護士註冊名錄尤其具歷史參考價值。名錄是因應 1931 年香港政府通過《護士註冊條例》而制定的，符合要求的護士便可註冊，政府每年一次把名錄刊憲。名錄中可考查出畢業於廣華醫院的有 68 位護士，詳見表 1.4。

表 1.4：畢業於廣華醫院的護士訓練課程及
按《護士註冊條例》（1931 年）向政府註冊之名單 （1934 年 -1941 年）[30]

註冊編號	姓名	註冊日期	考獲資歷日期	登記醫院 / 永久住址
6	陳竹筠	15/12/1932	01/04/1931	灣仔 · 山坡臺
8	曾潤燊	15/12/1932	14/11/1929	銅鑼灣 · 利園山道
37	李兆芳	15/12/1932	26/01/1927	油麻地 · 西貢街
38	黃詠雅	15/12/1932	05/05/1932	上環 · 永樂街
39	何佩貞	15/12/1932	13/07/1928	廣華醫院

29　"Relief Work in Shanghai: Nurses and Ambulance Men Leave Hong Kong," *South China Morning Post* (2 March 1932); and "Shanghai Relief Workers Thanked; Large Gathering Pays Tribute to Contingent." *South China Morning Post* (6 May 1932).

30　"Roll of Nurses — Hong Kong (1934)," *The Hong Kong Government Gazette for the Year of 1934* (26 January 1934): 40-54; "Roll of Nurses — Hong Kong (1935)," *The Hong Kong Government Gazette for the Year of 1935* (8 February 1935): 85-100; "Roll of Nurses — Hong Kong (1936)," *The Hong Kong Government Gazette for the Year of 1936* (31 January 1936): 160-175; "Roll of Nurses — Hong Kong (1937)," *The Hong Kong Government Gazette for the Year of 1937* (22 January 1937): 51-69; "Roll of Nurses — Hong Kong (1938)," *The Hong Kong Government Gazette for the Year of 1938* (21 January 1938): 37-58; "Roll of Nurses — Hong Kong (1939)," *The Hong Kong Government Gazette for the Year of 1939* (20 January 1939): 40-68; "Roll of Nurses — Hong Kong (1940)," *The Hong Kong Government Gazette for the Year of 1940* (5 January 1940): 20-48; "Roll of Nurses — Hong Kong (1941)," *The Hong Kong Government Gazette for the Year of 1941* (17 January 1941): 68-102.

（續上表）

註冊編號	姓名	註冊日期	考獲資歷日期	登記醫院／永久住址
40	凌雁琚	15/12/1932	14/11/1929	中環・士丹利街
41	梁蓮芬	15/12/1932	23/09/1925	旺角・基隆街
44	吳婉超	15/12/1932	20/04/1931	廣華醫院
45	關蕙荃	15/12/1932	05/05/1932	元朗・屏山
59	李蘊湘	15/12/1932	05/05/1932	油麻地・上海街
61	程婉卿	15/12/1932	沒有注明	荃灣藥局
62	馬月嬋	15/12/1932	05/05/1932	廣華醫院
63	李蘊玉	15/12/1932	05/05/1932	油麻地・上海街
64	凌瑞蓮	15/12/1932	05/05/1932	灣仔・峽道
91	劉競雄	15/12/1932	01/12/1932	灣仔・軒尼詩道
92	鄺愛平	01/01/1933	沒有注明	廣華醫院
93	劉瑞瓊	15/12/1932	05/05/1932	銅鑼灣・加路連山道
94	吳綺娟	15/12/1932	01/12/1932	元朗・錦田聖約翰婦孺醫院
95	陳帖雲	01/01/1933	01/12/1932	旺角・彌敦道
96	吳筱芳	15/12/1932	01/12/1932	深水埗・南昌街
97	劉慕珍	15/12/1932	01/12/1932	九龍塘・約道
98	曾鳳徵	15/12/1932	08/09/1932	油麻地・佐敦道
99	周儀貞	15/12/1932	01/12/1932	塘尾・楓樹街
101	梁希孟	01/01/1933	01/12/1932	塘尾・黃竹街
102	黃秀英	01/01/1933	01/12/1932	香港仔藥局
104	馮少卿	01/01/1933	01/12/1932	灣仔・軒尼詩道
105	莫綺湘	01/01/1933	01/12/1932	旺角・亞皆老街
106	林蕙文	01/01/1933	01/12/1932	銅鑼灣・黃泥涌道
107	羅惠德	01/01/1933	01/12/1932	李鄭屋・青山道
108	曾婉芳	01/01/1933	01/12/1932	九龍城・城南道
109	許玉清	01/01/1933	01/12/1932	大埔新墟
110	李佩真	01/01/1933	01/12/1932	中環・荷李活道
111	林淑賢	15/12/1932	01/12/1932	灣仔・莊士敦道
114	林少枝	01/01/1933	23/09/1925	深井・律敦治藥局
115	林潔英	01/01/1933	24/06/1927	粉嶺・安樂村瑞勝書室
116	廖翠瓊	01/01/1933	23/09/1925	大埔・汀角聖約翰救傷隊
117	馬南鳳	01/01/1933	14/11/1929	中環・德己立街
118	陳少衡	01/01/1933	05/05/1932	中環・利源東街

（續上表）

註冊編號	姓名	註冊日期	考獲資歷日期	登記醫院／永久住址
119	林建鴻	01/01/1933	01/12/1932	塘尾．荔枝角道
320	鄺美庭	21/12/1936	**/12/1936	石硤尾．石硤尾街
321	伍素芳	21/12/1936	**/12/1936	塘尾．長沙灣道
322	黃積金	21/12/1936	**/12/1936	大坑．浣紗街
350	黃金志	12/06/1937	**/06/1937	大坑．浣紗街
351	黃瑞貞	12/06/1937	**/06/1937	深水埗．北河街
352	江韻笙	12/06/1937	**/06/1937	大坑．浣紗街
353	黃德瑛	12/06/1937	**/06/1937	跑馬地．山村道
354	陳梅白	12/06/1937	**/06/1937	塘尾．長沙灣道
357	郭克余	15/12/1937	**/12/1937	油麻地．炮台街
358	鍾璧芳	15/12/1937	**/12/1937	塘尾．大南街
359	陳佩瓊	15/12/1937	**/12/1937	中環．興隆街
360	鍾璧鶯	15/12/1937	**/12/1937	塘尾．大南街
361	吳月梅	15/12/1937	**/12/1937	中環．威靈頓街
362	余冰玉	15/12/1937	**/12/1937	深水埗．荔枝角道
375	張淑芝	21/06/1938	**/06/1938	上環．文咸東街
376	陳秀生	21/06/1938	**/06/1938	深水埗．荔枝角道
377	曹文英	21/06/1938	**/06/1938	中環．卑利街
401	陳燕萍	19/12/1938	**/12/1938	旺角．新填地街
402	葉金成	19/12/1938	**/12/1938	太子．砵蘭街
403	李鳳英	19/12/1938	**/12/1938	廣華醫院
404	林淑嫻	19/12/1938	**/12/1938	旺角．花園街
405	鄧婉芳	19/12/1938	**/12/1938	屏山．崇德堂
424	張淑賢	29/06/1939	**/06/1939	馬頭涌．譚公道
425	陸志偉	29/06/1939	**/06/1939	廣華醫院
454	陳佩蓮	20/12/1939	**/12/1939	油麻地．彌敦道
455	梁復興	20/12/1939	**/12/1939	旺角．咸美頓街
***	趙瑤珍	沒有註明	23/12/1940	沒有註明
***	潘梓卿	沒有註明	23/12/1940	沒有註明
***	黃惠清	沒有註明	23/12/1940	沒有註明

說明：

1. 護士註冊名單以其註冊編號的先後排序。
2. 1936 年起，刊憲名單只列出護士獲取資歷的月份及年份。
3. 刊憲名單有刊出註冊者的詳細地址，此表格只列出地址所在的地區及街道，保障私隱。

4. 有些街道跨越不同地區，此表格按所刊住址的路段號碼之位置，指示所在地區。
5. 表格上最後三位護士在 1940 年《政府憲報》1394 號通告（12 月 27 日）〈通過考試之護士名單〉上出現，但她們卻沒有在 1941 年《政府憲報》78 號通告（1 月 17 日）的註冊護士名單上出現。

　　上列名單構成一幅群芳像，當中有幾點值得留意。其一、登記工作醫院或永久住址的地理分佈，頗有可詳加說明之處。九龍佔 35 位，其分佈以廣華醫院及其鄰近地區由近至遠的推展出去，即：塘尾的 7 人、廣華醫院的 6 人、油麻地的 6 人、旺角的 6 人、深水埗的 4 人，其他地區各有 1 人（分別有：九龍塘、九龍城、李鄭屋、石硤尾、太子、馬頭涌）。這個分佈與表 1.1 所示的九龍人口發展十分吻合。除了何佩貞、吳婉超、馬月嬋、鄺愛平、李鳳英、陸志偉以廣華醫院為其登記地址，這說明了她們一直在廣華服務。其餘選址於醫院附近的護士也許是為了方便在廣華服務，也可能因為九龍人口在這些地方快速增加，診療及接生等的服務亦有所增加。以 1933 年〈香港接生一覽表〉為對照，刊登了 26 位助產士的 24 處所，其中 10 個處所在九龍，上海街佔了 4 個。[31] 表 1.4 所見，居於香港島的有 22 人，新界的只有 8 人；沒有註明的 3 人。

　　其二、戰前的護士學生具備一定的教育背景，在沒有普及教育的年代實屬難能可貴，其中不乏有識之士的家庭背景。陳帖雲是其中一例，她來自中醫世家，其祖父是被譽為「廣東四大名醫之一」的陳伯壇，他的醫術出眾又善於研究和開發中藥療方，著書包括《讀過傷寒論》、《讀過金匱》及《麻痘蠡言》。1924 年陳伯壇來港懸壺濟世、設館授徒，治病無數、桃李滿門。[32] 他與東華三院亦頗有聯繫。他的孫女陳帖雲習藝於廣華醫院，1932 年 12 月完成護士課程，1933 年 1 月完成向政府註冊。據 1931 年《東華月刊》，陳伯壇的三名學

31　戴東培：《港僑須知》（香港：永英廣告社，1933 年），頁 12。

32　肖永芝、李君、張麗君、黃齊霞：〈嶺南名醫陳伯壇調研新收獲〉，《中國醫藥導報》2010 年 36 期，頁 4-6。

生擔任駐院中醫，即東華醫院的謝端甫和何勵如以及廣華醫院的陳仿周。[33] 據 1951 年的報章報道，陳伯壇學生服務東華三院的不少，即謝端甫、謝子健、黎景芳及何勵如擔任中醫，成為三院總理的是黃蕙伯。[34] 東華三院享有很好的社會聲望，吸引各界翹楚的支持，醫師甚至推薦自己的親友投身服務。

其三、廣華醫院訓練出來的護士有的服務別院，有的服務本院。1931 年東華東院的護士名單中所見，廣華醫院訓練出來的三位護士，協助開展該院的護理及助產服務，承擔領袖的角色，發揮同氣連枝、守望相助的精神。她們分別為接生長梁蓮芬、副接生長黃詠雅和看護長凌雁琚。[35] 服務廣華醫院的有陸志偉、陳燕萍、陳佩蓮、鄺美庭、梁復興、鍾璧芳，她們在戰後仍然留任，擔負病房的管理工作、指導年輕護士。陸志偉和陳燕萍負責一般病房，陳佩蓮、鄺美庭、梁復興及鍾璧芳則負責產房。

其四、廣華醫院訓練的護士肩負着使命感，前往新界開荒拓展醫療服務。從歷史資料中，鉤沉出四位護士的故事，她們分別是林潔英、羅惠德、關蕙荃和林少枝。1930 年，蔣法賢醫生、胡惠德醫生與一眾醫護及社會賢達成立「新界贈醫會」。[36] 順帶一提，蔣法賢醫生從 1930 年至 1934 年為東華醫院護士訓練課程授課。[37] 1932 年，該會與「聖約翰救傷隊」合併成「聖約翰新界贈醫會」，並在錦田建立婦孺醫院，林潔英擔任該院的首任護士。她於 1927 年完成廣華醫院護士訓練後留院工作，在 1931 年廣華醫院工作人員名單上被列為「看護」。

---

33 《香港東華醫院月刊》第 1 期 1931 年 9 月，頁 79-83。

34 〈陳伯壇門人創東方中醫學院〉，《華僑日報》，1951 年 9 月 3 日。

35 《香港東華醫院月刊》第 1 期 1931 年 9 月，頁 85。

36 「新界贈醫會」首年度的工作報告，詳見："Medical Work in the New Territories: Record of Progress by Local Medical Benevolent Society [Report of the last year]." *South China Morning Post* (30 June 1932).

37 吳醒濂：《香港華人名人史略》初版（香港：五洲書局，1937 年），頁 70-71。

　　婦孺醫院開幕禮冠蓋雲集，主禮嘉賓之一為行政、立法兩局非官守議員山頓爵士（Sir William Edward Leonard Shenton）。從報章刊出他的開幕致辭可見，婦孺醫院設有 12 張產科病床和 6 張兒科病床，亦設三名常駐護士，另有一名醫生定期來診症。他表示政府有意以錦田婦孺醫院的模式，分別在粉嶺、沙頭角、新田及長洲開展類似的服務，並已聘得常駐護士；他又指出政府有意在元朗及南邊圍設立藥局，並派駐護士照料有病的居民。[38] 他的致辭中亦提及林潔英，以「先鋒者」形容她，稱讚她的工作表現優良，與同為專業護士的丈夫合作，每星期照料平均 300 位患者。[39]

　　1934 年，林潔英被派往粉嶺醫療站服務，該處提供一般的急救以及婦產科服務。另外有五位廣華醫院護士畢業生在「聖約翰新界贈醫會」不同的地點服務，詳情如下：廖翠瓊在汀角村醫院（1934-1935年）、關蕙荃在元朗藥局（1935-1937 年）、黃秀英在沙田醫院（1935年）、羅惠德在沙田醫院（1935-1936 年）以及吳綺娟在錦田婦孺醫院（1939-1941 年）。

　　除了在沙田醫院工作外，羅惠德亦在錦田的婦孺醫院工作。她在錦田的事跡時至今日仍為鄉民所津津樂道。當年錦田一帶頗為荒僻，羅惠德卻樂意奉獻一生於這個群體，足證其強烈的使命感。錦田祠堂村村長鄧永康憶述：「記得母親後來告訴我，可能是她懷孕後期仍要蹲在田裡種菜，所以胎位經常夾住而轉不了頭，幸好羅三姑（羅惠德）手勢好、經驗夠，否則不堪設想。我們那輩錦田鄉的兄弟姐

38　"New Cottage Hospital: Hon Mr Shenton Opens Institution at Kam Tin." *The Hong Kong Telegraph* (9 June 1932).

39　原句：Mrs. Li Lam Kit Ying, our pioneer nurse paved the way and she has a fine record of work. Her husband who is a qualified dresser assists her, and between them the cases average 300 per week. 資料來源，同上註。

妹，大多都是由羅三姑接生的。」[40] 羅惠德在廣華醫院習藝之前，曾修業於復旦大學，並有志於推廣讀書識字，曾借元朗鄭氏家祠開識字班。及後她再向政府申請辦學，奠定聖公會聖約瑟小學的基礎。[41] 此外，她與鄭肖珍和關蕙荃尤為投契，三人持守宗教情懷，一同協助聖公會在元朗地區的宗教與社會服務。[42] 鄉民為了紀念羅惠德及其丈夫（任職香港聖約翰救傷隊總監督）莫理仕（Alfred Morris）的貢獻，錦田的鄧族在 2007 年 4 月 11 日刻成《永遠懷念莫理仕總監及其夫人羅惠德三姑護士》的匾額，並放置於友鄰堂之內。全文如下：

> 莫理仕總監一九二三年在港島創辦英皇書院並獲喬治五世委任為本港首任聖若翰救傷隊總監。一九三四年至一九四零年間莫總監任錦田籌建聖若翰婦孺醫院，贈醫施藥，每週末親至錦田巡視並發放每一兒童一仙，令他們渡一個愉快週末。莫理士夫人羅惠德是一位助產護士，駐錦田婦孺醫院，替村婦接生。時至今日，年齡由五十至六十餘歲的村民多是由羅惠德三姑接生的錦田全鄉鄉民，多年接受莫理仕總監及其夫人羅惠德三姑護士大恩大德，永記難忘，其後人莫天賜、天福、天恩及天平已成家立室子孫等成就顯赫，乃上天報賜，而他們認同錦田鄉是他們的故鄉，我們全鄉鄉民，亦樂意接受他們為榮譽鄉民，並恭祝他們世代流芳。中國文化本以人倫實踐為重心，而人倫之實踐則有賴於人心的自覺及教育之培養。此乃人心精神凝固所繫，亦是族群發揚光大的根源。

40　〈祠堂村村長憶半世紀錦田村民恩人，莫文蔚嫲嫲為村婦接生兼創辦學校〉，《香港經濟日報》，2021 年 5 月 14 日。

41　聖公會聖約瑟小學的「莫羅惠德專輯」（https://www.youtube.com/watch?v=6jtM5pO2sv8）。

42　區伯平：〈三姑創立聖約瑟〉，《基督教週報》第 2996 期（2022 年 1 月 23 日）。

關蕙荃為屏山鄉民的無私奉獻亦同樣的叫人敬佩。1935 年,「聖約翰新界贈醫會」派她在元朗藥局服務。三年後,她受國際紅十字會的委託,進駐厦村醫局,從此在村內服務又四十一年之久。報章有以下的描述:「除了駐守留產所,關蕙荃還無遠弗屆的應喚,前往鄰旁村舍緊急接生;稍閒時則推廣健康教育,甚至顧及鄉民其他小病痛。」[43] 她鞠躬盡瘁以護理專業服務村民、服侍教會,一生篤信力行,不為自己留下錢財。當時的報章報道她過身消息,其中部分內容節略如下:

> 關女士於戰前最初係承國際紅十字會委派在厦村任接生及看護之職,迄戰時仍獨力維持,服務貧苦,不辭辛勞,鄉中四十歲以下者幾均由其接生,鄉民或稱八姑,均表敬佩。厦村鄉事會並準備發動籌集一筆款項以為紀念,鄧主席(即:厦村鄉事委員會主席鄧齊安)寄望旅英歐各地鄉親亦響應。[44]

與林潔英同期在廣華醫院受訓的有林少枝,她任職於律敦治藥局,而此藥局的設立亦為相當有趣的一個故事。藥局的設立是為了服務在香港啤酒廠有限公司(Hong Kong Brewers and Distillers Limited)的近百位住宿工友以及深井一帶的居民。香港啤酒廠的發起人是律敦治(J. H. Ruttonjee)。1933 年 8 月 16 日,啤酒廠正式落成啟用。開幕禮之中,律敦治公開感謝香港政府的醫務衛生總監,由政府承辦

43　區伯平:〈蕙園榮真在厦村〉,《基督教週報》第 2988 期(2021 年 11 月 28 日)。
44　〈服務厦村 40 年,關蕙荃八姑安息,鄉會首長父老追悼〉,《華僑日報》,1972 年 8 月 19 日。

了深井的藥局及支援了酒廠預防瘧疾的措施。[45]〈香港啤酒廠參觀記〉
有較清楚的說法：「在宿舍之傍，且設有藥房，由該廠總理送交政府
管理，每星期派醫生三次前往施診，不獨工人稱便，即鄰近各鄉民亦
無不稱便，蓋病者皆一視同仁，可前去受診云。」[46] 1934 年 1 月 30
日，藥局正式投入服務。從 1934 年的醫務衛生報告所見，藥局實由
律敦治興建，其中不設住院病床，工作人員的編制及藥局的開支則由
政府負責。藥局有兩位長駐護士（屬「助產士」編制），負責護理工
作，包括母嬰健康服務（infant welfare）。[47] 從 1934 年的公務員名冊
可見，林少枝屬於新界醫療（一般）編制，是按「助產士」的職級受
聘，位列第二。[48] 與表 1.4 列舉的 64 位護士相較，她與首三位資歷最
深的護士並列，她的經驗當然可以應付到診醫生囑託的指示、處理助
產和接生、嬰幼的針藥服務、工人及鄉民的日常醫藥問題。

　　其五、廣華醫院訓練的護士成為私人執業的「助產士」。1933 年
的〈香港接生一覽表〉列舉 26 位助產士，其中兩位就是李蘊湘、李
蘊玉。[49] 從 1951 年的一則新聞報道可知，另一名廣華醫院訓練的護
士江韻笙在中環開業，更與街坊福利會合作，提供優惠的收費，回饋
社會。報道的原文如下：

45　原句：I am also glad of this opportunity of expressing my sincere thanks to … and
　　to the Hon. Director of Medical and Sanitary Services for his kind co-operation in
　　the provision of dispensary for Sham Tseng and surrounding villages and in our
　　anti-malaria measures. 來源："Sham Tseng Brewery Opened, 600 Guests Attend
　　Ceremony, Chairman's tribute to work of Mr J. H. Runtonjee." *China Mail* (17 August
　　1933).

46　〈香港啤酒廠參觀記〉,《工商日報》, 1934 年 5 月 25 日。

47　"Annual Medical Report for the Year ending 31st December 1934," *Administrative
　　Reports for 1934.* (Hong Kong: Hong Kong Government).

48　"Civil Establishment," *Hong Kong Blue Book 1934* (Hong Kong: Hong Kong
　　Government, 1934), p. (J)117.

49　戴東培：《港僑須知》, 頁 12。

　　　　中區街坊福利會，為造福區內一般貧困病市民，自
辦理夏季贈醫以來，深獲貧病者之稱譽，近又鑒於區內公
立醫院缺乏，孕婦留產困難，且對費用之擔負頗感吃力，
為減少彼輩孕婦之擔負，經商得江韻笙六姑接生同意，假
必列啫士街江六姑護嬰留產所設立「半費留產所」，以利
坊眾，所有接生，房租，嬰兒洗澡，種痘等一切費用，總
共僅收費十五元，凡該會會員及坊眾有會員介紹者，可
向該會申請留產，事前須先到留產所辦理檢查體格及驗血
等手續。[50]

從另一則新聞可見，前文提及的吳綺娟於 1952 年在長洲海傍街開辦
「接生所」，服務漁民及離島居民。[51]

三、廣華醫院護理教育在「三年零八個月」的困境

　　1993 年，73 歲的鄭秀鸞成為香港廣告界的新演員 ──「黃老
太」，出現在某超級市場的廣告，在不合格的商品上打上「X」的記
號，她的形象深入民心。[52] 現實生活中的她活出精彩人生，活靈活現
「品質保證」的精髓。1941 年，她考入廣華醫院成為護士學生，面對
不久後佔領香港的日軍，她堅守服務患者的崗位。這可能與她早年的
經歷有關。出生於香港，兒時隨家人往上海，長大後加入當地仁濟醫
院的護士學校。日本侵華激起強烈愛國心，她因此加入新四軍當護
士，參與抗戰。後因抱恙而離隊，途中不幸遭日軍截獲，搜查出她的

---

50 〈中區街坊福利會造福區內產婦，商得江韻笙六姑留產所減收接生等費用〉，《華
僑日報》，1951 年 10 月 2 日。

51 〈失散逾半世紀，兩個尋親記〉，《東方日報》，2014 年 12 月 9 日。

52 陳嘉敏、譚永暉：〈黃老太：生命的信心見證〉，《新報人》（1997 年 5 月 31 日），
27(08)，頁 12。

證件，俘虜兩星期，其間一度絕食抗議，寧死不屈。危險之際，她悟明基督教的啟發，重新振作，把握機會脫險。及後，她父親認為香港安全，吩咐她投靠家住彌敦道的姑母。因地理之便，她考入廣華醫院成為護士學生。對於淪陷時期的香港以及廣華醫院所處的困境，她記憶猶新，不齒日軍的所作所為。憶述護士十分機靈的事，她說：「那時候聽說日本人四處找『花姑娘』，連護士也不放過，我們便用鍋底的污垢把臉擦黑，又向醫院裡的工人借了一些黑衫、黑褲穿上，把自己弄得邋邋遢遢，以免引起日軍的注意。」[53] 她又提到，護士們在困難的境況，仍然始終如一的堅定護理專業，她說：

> 戰亂的時候要照顧大量的病人很不容易，不過我們年輕人一心為國，又痛恨日本人，因此非常愛惜病人……我們不會到防空洞避險，只會如常做事，因為離開了崗位就沒有人照顧病人。那時候我們最辛苦，工作最忙，每天死亡的人數很多。當值的時候，不管在什麼清況下都會在病房，堅守護士的崗位。情況最壞的時候，醫院完全沒有藥物供應，但我們還是很盡責地照顧病人。每次當值 12 小時真的很累，而且吃得不好，心裡很不好受。[54]

護士在困窘的條件下勉力維持病房的如常運作。三年零八個月的日佔時期，社會秩序欠佳，衛生環境惡劣，痢疾甚為流行。廣華醫院蓋起臨時隔離設施，收容數以百計的痢疾患者，鄭秀鸞憶述：「當時每更只有兩名護士當值，不但要工作 12 小時，由於負責雜務的工人不夠，護士還要兼顧很多其他工作，除了量體溫和配藥之外，病人

53　劉智鵬、周家建：《吞聲忍語：日治時期香港人的集體回憶》（香港：中華書局，2009 年），頁 194。

54　同上註，頁 194-195。

的大小便，嘔吐物全都由護士協助處理，忙的時候甚至有病人去世，也沒有被人發現。」另一個問題，日佔時期經濟疲憊，人人捉襟見肘，舉目皆是營養不良，醫院常見的是腳氣病和舌頭潰爛的患者，她形容這些營養不良的患者是「最慘」的。廣華護士最明白巧婦難為無米之炊，她說：「其實我們應該給他們餵食有營養的東西，但因為資源短缺而辦不到。情況比較好的時候，醫院會有雞蛋供應，我們把雞蛋打勻後蒸熟，餵給爛舌的病人吃。」[55] 即使醫院接收的患者是常見的病，因為藥物供應不穩，護士有時亦是無可奈何。鄭秀鸞又憶述一次協助一對小男孩如何從病得「神志不大清醒」的狀況轉危為安的經驗，她說：「這名男士的兩子都患了腸胃炎，被送進醫院後還不斷發燒，體溫超過 104 度。醫院那時候可憐得連治病的藥物都沒有……我被派去照顧他們，初時對他們的病情也束手無策，後來我想出給他們飲用鹽水的方法來醫治。我在一碗水中混和一勺鹽，鹽水的比例與消毒鹽一樣，然後一勺一勺地給兩兄弟餵鹽水。過了兩個星期之後，他們竟然痊癒了。當時廣華醫院給人的印象是十名病人中會有八名死去，最多只有兩名病人可以順利出院。」回憶起此事，她又說：「我很欣慰，在沒有藥物的情況下，我做了在護士生涯中，值得紀念的一件好事。」[56]

　　三年零八個月期間，支撐廣華醫院運作的是掌院醫師華則仁醫生和護士長朱頌鸞，兩人的背景頗值得介紹。華則仁有着不一樣的背景。1901 年，他出生於天津，成長於貧困家庭，刻苦好學並考入當地的礦務大學，其間另考獲香港大學的河北省獎學金。1923 年至 1927 年，他入讀香港大學醫學院。畢業後，他加入香港政府醫院工作，服務兩年。及後，他前赴唐山開灤礦務總局醫務處工作。1937 年，他加入國際聯盟（League of Nations）醫療第二分隊，深入中國

55　同上註，頁 195。

56　同上註，頁 204-205。

1949 年 9 月 15 日東華三院董事局成員與廣華醫院院長及醫護人員合照，第二排右三為朱頌鸞護士長。（周敏姬提供）

內陸的救援服務。1938 年，他回港出任為荔枝角醫院院長。[57] 他強調：「病人優先、醫院次之、個人最後。」他尤其關注腳氣病的療法，深明這是折騰勞苦大眾的病患，尤其注意改善康復者的營養問題。[58] 朱頌鸞的背景與香港政府醫院的護士較為相近。1932 年 8 月，她考入政府醫院成為護士學生。1936 年 5 月 31 日通過「看護局」的考試取得註冊，同年 8 月成為政府編制的護士，先後於九龍母嬰健康院和瑪麗醫院工作。1938 年，她獲委任為廣華醫院護士長。

　　他們表現出崇高的使命感，令人敬佩。掌故有記錄華則仁在廣華醫院的一些經歷：

---

57 「香港大學第 69 屆學位頒授典禮（1968）：華則仁，名譽法學博士」，香港大學網站，資料來源：https://www4.hku.hk/hongrads/citations/obe-mb-bs-tse-jen-hua-hua-tse-je。

58 "Medical and Sanitary," *Hong Kong Annual Administrative Reports for the year of 1939*. (Hong Kong: Hong Kong Government), p. M53.

　　〔華則仁〕素擅內、外科，以醫學精深名於時，且長期
在院服務，並不告退去病人有口皆碑的。日寇佔港初期，
有個別傷病敵官，慕華氏名，每日乘軍車來院就診，病醫
好了，反咬一口，詆華氏「對皇軍不敬」，竟將他劫持上車
載走，醫院上下員工為之嘩然，報章披露其事，並以無故
被捕為詞，隱含怨憤。港人見報反應強烈。三院董事局推
派何品楷總理（後一屆當主席），謁見香港佔領地總督磯谷
求釋，不旋踵即見日敵用軍車送華氏回廣華，照常服務。[59]

　　這則掌故是由一位東華三院的員工親述的，反映的是醫院同仁
的真實感情。第一、華則仁的醫術與醫德在院內廣受敬重。不論在香
港或是在內地，他同樣關懷貧民、礦工、難民等，樹立救人無囿於貧
賤之分的榜樣。第二、院內同仁抱有抗日情緒，尤其不滿日軍之忘
恩負義。事實上，華則仁協助香港政府醫務衛生總監司徒永覺醫生
（Percy Selwyn Selwyn-Clarke）提供戰俘營內所需的藥物以及部分的生
活用品，他又協助被拘留之俘虜。[60] 日軍是否知悉有關的詳情？[61] 日
軍是否以「對皇軍不敬」為借口，先收押後釋放，為的是以儆效尤？
又或者因為東華三院總理在香港社會起了關鍵作用以及華則仁在廣華
醫院發揮重要角色，日軍始終要依重他們，故此向東華三院投以小恩
小惠，又向華則仁施以小懲大戒？以上問題不易回答。但可以確定的

59　存實：〈香港東華三院見聞雜錄〉，《廣東文史資料》第 44 輯（廣州：廣東人民出
　　版社，1985 年），頁 161。

60　有關華則仁醫生的生平事跡，尤其在日佔時期對香港的貢獻，詳可參考 TW
　　Wong, "A glimpse from the past: Hong Kong University Medical Unit in 1928," *Hong
　　Kong Medical Journal* 21(1) (Feb 2015):90-91.

61　司徒永覺形容華則仁是他忠誠的支持者。當他被日軍收入集中營後，華則仁被日
　　軍短暫扣押。時間上兩人先後被囚，是否意味着一定的因果關係？司徒永覺似
　　乎有這樣的暗示。Percy Selwyn Selwyn-Clarke, *Footprints: The Memoirs of Sir Selwyn
　　Selwyn-Clarke*. (Hong Kong: Sino-American Publishing Co., 1975), p. 78。

是日軍佔領九龍後，他們把九龍醫院更改為日軍醫院，廣華是九龍唯一服務普羅大民眾的醫院。

二戰結束，司徒永覺撰寫報告，討論日軍對香港醫療體系造成的影響。他在報告中讚揚華則仁和朱頌鸞維持醫院的日常運作，功不可沒。[62] 1946 年 6 月 13 日，英國政府宣佈授勳名單，香港有 26 位榜上有名，其中就包括了華則仁（大英帝國官佐勳章 Officer of the Order of the British Empire，簡稱：OBE）和朱頌鸞（大英帝國員佐勳章 Member of the Order of the British Empire，簡稱：MBE）。[63]《倫敦憲報》表明他們獲得授勳是表揚他們在日軍佔領香港期間的貢獻。[64]

華則仁和朱頌鸞的榜樣啟發院內同仁，尤其是經由他們親炙的護士學生。隨着日軍投降而香港漸漸恢復秩序，華則仁功成身退。一眾護士以他的相片及一篇讚詞裝鑲於大號相框，在護士宿舍展示。既是表揚他的貢獻，更是標榜他的精神。讚詞介紹了他如何在日佔時期的困境維持醫院的運作及護士教育，其中的內容引述如下：

> 是時粒粟貴比甘霖，各總理因交通阻隔，不能蒞院者
> 數月。院長個人朝夕策劃，維持全院百數十職工之生活，

---

62 原文："The Medical Superintendent and his staff laboured under exceptional difficulties as regards food and medical supplies, and the attitude of the Japanese was generally unfavourable. By exemplary courage, the Superintendent and his Matron kept the staff of the hospital together and the hospital rendered invaluable service throughout the occupation." 資料來源：P. S. Selwyn-Clarke, *Report on Medical and Health Conditions in Hong Kong for the Period 1st January 1942-31st August 1945.* (London: HMSO, 1946), p. 14.

63 "Birthday Honours List: Services of Twenty-six Hongkong Residents Recognised." *South China Morning Post and the Hong Kong Telegraph* (June 13, 1946).

64 原文：Tse Jen Hua, Esq., Medical Officer, Medical Department, Hong Kong. For services during the Japanese occupation. ⋯⋯. Miss Agnes Chue Chung Luen, Matron, Kwong Wah Hospital, Kowloon, Hong Kong. For services during enemy occupation. 資料來源：*Supplement to the London Gazette* (13 June 1946), pp. 2795-2796.

1946 年 1 月 31 日廣華醫院女看
護長朱頌鶯暨全體女看護生致送
給華則仁院長的相框及讚詞

與全院盈千病人之醫藥糧食，奔走駭汗不遑寢食，個人金
錢藥物悉以施贈，其仁愛有如是者⋯⋯工作不懈兼授課與
診症之勞，割症常至漏夜不輟，因是積勞致疾⋯⋯回溯既
往，竊以為非有院長之長才挽狂瀾未倒，則雖有善者亦莫
之能繼矣。[65]

　　朱頌鶯在日佔時期的貢獻在護士之間亦傳頌多時。1971 年 3 月，
東華三院護士會主席伍碧球在祝賀朱頌鶯榮休的致詞中亦有提及，其
中的部分摘錄如下：

　　　　在第二次世界大戰期間，協助華則仁院長使荔枝角醫
　　院及九龍醫院之病人與員工得盡量容納於廣華醫院之內，
　　又甘冒危險，收容歐籍病人，此外並為當時香港政府保存

65　「華則仁院長相框」，此為廣華醫院歷史文物，收藏於東華三院文物館。

器材，大戰末期，廣華缺錢缺糧，瀕於解體，朱總護長領
導籌得善款一百零一萬元，得以維持現狀等待香港重光，
此種種英勇表現及其偉大貢獻獲得英王頒賜「MBE」勳銜，
實為三院護士之光榮。[66]

　　鄭秀鸞略有提及日佔時期廣華醫院護理教育的一些情況。1941
年，她加入廣華醫院的那一班同學共 17 人，畢業後從事與醫護相關
的不足 10 人。護士學生的月薪是 3 元，這裡所指的是軍票的價值。
1942 年起，日軍以 4 元港幣換 1 元軍票。換言之，她們的薪水待遇
可維持每月 12 港元，可見東華三院董事局勉力維持淪陷前的水平，
實在是難能可貴。當然，因為米糧不足，資源匱乏，生活水平亦大不
如前。很難才有一次吃肉的機會。當白米不足時，醫院的同仁用大量
的水和一些食糧來蒸煮白米而造成的「神仙糕」充饑。此外，日軍從
醫院中以優厚的待遇招攬了若干名醫生和護士前往海南島為日本政府
工作，她卻沒有參加。

　　護士長朱頌鸞為醫院護理教育及工作發揮了把關作用。鄭秀鸞
滿懷感激地說：「她年輕時很忠於工作……從戰前開始在廣華醫院
工作……那時候她對我們很嚴厲、很兇，但正是她嚴謹和認真的態
度，才把我們訓練成為專業的醫護人員。我知道她很多次對我手下留
情，我犯的錯，她是知道的，但她裝作不知道，所以我很感謝她。」[67]
另一名護士的憶述展示護士長的形象：「淪陷時期我已認識朱頌鸞姑
娘，那時很多人都知道她……醫院護士、工人幾乎都被朱姑娘責罵
過，不過她卻很受尊敬。朱姑娘要求嚴格，巡房時一發現問題，會當
面斥罵護士，即使是在病人面前也不留半點情面。」[68]

66　〈主席伍碧球致詞，朱總護長勞苦功高，服務三院三十三年〉，《華僑日報》，1971
　　年 3 月 27 日。
67　劉智鵬、周家建：《吞聲忍語：日治時期香港人的集體回憶》，頁 207。
68　黃夏顏：《冉冉時光：廣華人的承傳與奉獻》（香港：快樂書房有限公司，2013 年），
　　頁 141。

　　日佔時期的生活困難重重，護士長要堅持好的榜樣、高的標準、強的領導力，否則不能維持護士團隊的工作。護士長對鄭秀鸞手下留情，可見她處事不是鐵板一塊。另一方面，護士長明察秋毫，對鄭秀鸞的錯對輕重皆有把握，故此才裝作不知道。鄭秀鸞認為是「問心無愧」的「犯錯」是暗中把嗎啡等醫院的藥品交到距離廣華不足 20 分鐘步程的東江縱隊物資站，協助治療受傷和患病的游擊隊隊員。[69] 也許是師生之間這份相惜，幫助她們渡過淪陷的黑暗日子。

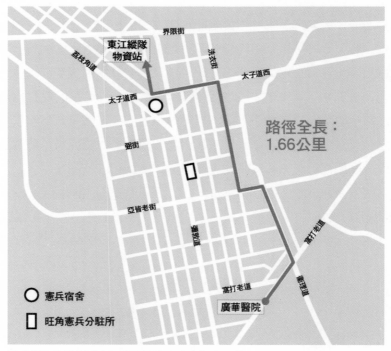

鄭秀鸞把藥品交到東江縱隊物資站的安全路徑 [70]

69　劉智鵬、周家建：《吞聲忍語》，頁 205-206。日佔時期，東江縱隊的黃作梅在旺角段的彌敦道以經營商店為掩飾，運作秘密基地處理物資。從廣華醫院往返該地點，有些路線可避開日軍設立的檢查站。

70　鄺智文博士提供有關該基地的位置，以及其與廣華醫院最安全的步行路線，全長只是約 1.66 公里。詳可參考他的研究計劃："Japanese Occupation of Hong Kong: A Spatial History"。

四、小結

　　第二次世界大戰結束是香港歷史重要的一頁，也是廣華醫院及其護士訓練課程發展的分界線。以往學術界對這一段醫院的歷史注意不多，本章嘗試運用不同的史料，勾勒醫院內外的日常生活及護士的精神面貌。東華三院董事局是主辦者，他們擁抱強大的使命感，積極回應時代變化，提升護士的訓練，令人難忘的是他們撥冗面見護士課程的申請人，既起了把關的作用，更表達對他們的重視。提供訓練的是東華三院的駐院醫生，其中潘錫華更是 1931 年成立「看護局」的成員之一，尤其熟悉政府對護士的專業要求，有效地調整三院護士的訓練內容。此外，東華三院說服政府借出三位女醫生，為女護士學生講授婦產科等醫學知識。三人之中，鮑賽珠以身作則帶領部分護士參與上海救援傷兵的工作，活現醫護的救病拯危的偉大精神。日佔時期，廣華醫院處於艱難中之最。愈是黑暗，愈是需要每一點的光芒。雖然在史籍中鈎沉所得的護士故事只是一鱗半爪，但從可見的蛛絲馬跡都表明他們具有崇高的護德，承傳南丁格爾精神。

第二章

戰後廣華醫院
護理教育歷史

撰文：羅婉嫻

　　（東華三院）「不特為慈善醫院，且為街坊醫院，就醫
者既以貧民居多，復在與坊眾有密切關係，倘護士不能予
病人以良好印象，則不論實事辦事如何努力，醫生醫術如
何湛深，亦將獲致坊眾之惡劣批評，不幸而有此事實發生
時，則政府對本院之資助，董事局對本院之勞積，將盡付
東流，受人指摘，院務進行必因此引起許多困難與阻力，
　　　　　　　　　使社會福利事業兼受重大損失。」
　　　　　　　—— 醫務委員會秘書林志緯代表三院董事局
　於 1948 年光復後首次東華三院護士學生畢業禮致辭[1]

　　以上引文源自 1948 年東華三院護士學生畢業禮，醫務委員會秘
書林志緯代表三院董事局的致辭。是次為光復後首屆護士畢業典禮，
具承先啟後的意義，不僅展現護理教育在戰時仍能掙扎維持，亦代表
護理教育在戰後有新一頁的發展。林志緯先生在致辭中，強調東華三
院是「街坊醫院」，而護士的角色不只是為病人提供專業的護理，更
是醫院與病人的橋樑，是醫院的代表，讓這群從三院訓練的護士更具
使命感。這更反映東華三院在戰後的醫療角色，作為港府的補助醫
院，三院為廣大貧苦病人提供醫療服務。隨着香港人口的增加，三院
面對大量病人求診，由是必須持續擴充護理團隊，以提供適切的治
療。特別是位於九龍區的廣華醫院，因九龍人口持續急增，加上新界
居民亦前來求醫，所以廣華醫院在戰後的留院和門診人數屢創新高。
廣華醫院在戰後作不同程度的擴建，並致力發展護理教育，從而擴充
醫院的護理團隊，以配合香港的整體醫療需求。

1　〈東華三院護士學生畢業禮林志緯報告護士學校校務〉，《香港工商日報》，1948
　　年 4 月 11 日，頁 6。

一、百折不撓：廣華醫院護理教育的重建

1945 年 8 月 15 日，日本宣佈無條件投降。香港大部分基本設施遭戰火破壞，百廢待興。港督楊慕琦（Mark Young, 1886-1974；港督任期：1941、1946-1947）於 1946 年 5 月返港，重建文官政府。港府首要恢復各項民生供應，如電力供應、交通系統和房屋供應等，以配合經濟的復甦。醫療體系同樣面對困境，港府盡量利用可調配的資源，回復適度的醫療服務，以防止疫病在香港爆發。然而，戰後香港人口激增，改變了香港的人口結構，醫療需求亦有所轉變。港府加強對現有的志願醫療團體資助，從而即時擴充醫療設備，擴大醫療服務的範疇。同時，重視醫療和護理教育的發展，以持續為香港醫療市場提供充足的人力資源。由是，戰後是香港醫療體系和護理教育發展的重要時期。

戰後香港人口增加，戰前離港的居民，重返香港；而隨着國共內戰的爆發，大批難民湧入香港。香港人口至 1946 年中，增加至 1,168,815 人，比戰前人口多出一倍。[2] 人口增長的速度，並非港府所能預計，故社會資源分配根本無法配合。例如房屋供應不足、食水短缺，造成環境衛生惡劣，有利傳染病傳播，亦為醫療系統構成壓力。[3] 然而，持續湧入的難民，多從事非技術型的勞動工作，有助香港經濟發展，為勞動密集型的工業提供足夠的人力資源。他們工資低微，為了節省交通開支，多居住在工業區附近的市區邊緣寮屋或木屋區，居住環境衛生十分惡劣。[4] 根據港府在 1951 年估計，香港約有 330,000 人居住在非法搭建的木屋。[5]

2　Hong Kong Government, *Annual Report of the Medical Department 1946*, p. 3.

3　Hong Kong, Working Party on the Development of Medical Services, *Development of Medical Services in Hong Kong* (Hong Kong: Government Printer, 1964), p. 2.

4　Hong Kong Government, *Annual Departmental Report by the Director of Medical and Health Services for the Financial Year 1956-57*, pp. 7-8.

5　Hong Kong Government, *Legislative Council Report*, March 7, 1951.

1947 年東華醫院（高添強提供）

　　同時，香港醫療需求大增，港府透過資助志願醫療團體，以維持香港醫療服務的供應。政府醫院的病床有限，未能應付日增的留院需求，而興建新的醫院大樓又需時，亦非戰後政府的財政所能應付。由是港府資助現有的志願醫療團體，以繼續其在社區的運作，並協助港府提供多元化的醫療服務。如在 1947 年，港府資助東華三院約 2,250,000 元，共提供 1,047 張病床，包括東華醫院 467 張、東華東院 230 張和廣華醫院 350 張病床；三院的總留院病人為 15,915 人；而三院的總門診人數達 121,896 人；婦產個案共 7,871 宗。[6] 同時，東華三院亦協助港府接收肺結核患者，如 1948 年東華醫院和廣華醫院，分別有 40 張病床專門接收肺結核患者，而這些個案屬於嚴重的類型。[7]

6　Hong Kong Government, *Annual Report of the Medical Department 1947*; 三院的總留院病人為 15,915 人，其中東華醫院 6,348 人，東華東院 3,121 人，廣華醫院 6,446 人。門診人數三院合共 121,896，其中東華醫院 31,003 人，東華東院 31,220 人，廣華醫院 59,673 人。而婦產個案共 7,871 宗，東華醫院 2,330 宗，東華東院 542 宗，廣華醫院 4,999 宗。

7　Hong Kong Government, *Annual Report of the Director of Medical Services for the Period 1st January, 1948 to 31st March, 1949*.

　　戰後九龍區人口有明顯的增長，對醫療服務的需求相對港島區為大。從上述 1947 年東華三院的門診人數，三院合共 121,896 人，其中東華醫院 31,003 人，東華東院 31,220 人，廣華醫院為 59,673 人；而婦產個案共 7,871 宗，單是廣華醫院已有 4,999 宗。[8] 這顯示位於九龍區的廣華醫院求診人數，差不多是位於港島的東華醫院和東華東院的總和。九龍區的醫療需求很大，但九龍區的醫院設施有限，政府開辦的九龍醫院，其醫護人員和設備都不足。如 1946 年，九龍醫院共提供 167 張病床，其中 6 張為隔離病床、34 張婦產科病床和 127 張普通內外科病床。[9] 這更能反映港府必須依靠志願醫療團體的醫療服務，才可以應付全港日漸增多的醫療服務需求。

　　除了面對醫療設施的不足，港府亦處理醫護人員嚴重不足的問題。醫務署（Medical Department）大部分在港任職的歐洲籍醫護官員，戰後辭職或退休，並離開香港返回英國休養。這造成醫護官員嚴重不足，影響香港戰後醫療體制的運作。故港府大量起用華人醫官或醫護人員，以聘請或晉升的方式，填補歐洲籍醫護官員離任後的空缺。如 1946 年有 10 名高級華人護士，獲得晉升至「歐洲」護士長的職級。[10] 這樣不僅有效解決醫護人員不足的問題，亦為香港華人醫護人員提供更完備的晉升階梯，有利香港醫療體制的長遠發展。同時，亦讓港府意識到培訓本地醫護人員的重要性，從而提高本地醫學和護理教育的質素。

　　同時，港府大量招募護士學生（或稱「見習護士」或「看護生」），港府估計政府各項醫療設施，需要約 200 多名護士。例如在 1946 年港府登報招募見習護士，廣告列出護士的待遇：見習護士每月薪津為 110 元；接受四年訓練，可充任正式護士，薪津為 132 元；

8　Hong Kong Government, *Annual Report of the Medical Department 1947*.

9　Hong Kong Government, *Annual Report of the Medical Department 1946*.

10　同上註。

再任職四年，可升任主任護士，薪津為 175 元。而這三級制的護士薪酬，將進行檢討和改善。現時部分本地初級護士，與歐籍護士待遇等同；亦有華籍護士升任為護士長。除了薪金外，見習護士亦有不同的福利津貼，如免費領取制服、住屋、燃料、電燈和洗衣等，每年還有 28 天例假。護士的工作時間，每週不超過 48 小時。受訓的護士生，每月有兩天休假；正式護士每月休假三天；主任護士每月四天；亦可申請公費往英國深造。見習護士的申請資格：「年齡十九至卅歲，體格強健，具備品行證明書，及能抄寫、閱讀通順英文。」[11] 最後，更有「現醫務總監向本港少婦等呼籲立即參加護士工作，協助各正式護士解除病人痛苦，俾獲得需要援助之病人之永感」。[12]

同時，私人醫院亦恢復開辦護士訓練課程，以應付醫院的護理需要。政府醫院開辦的護士訓練課程，是以英語授課；而東華三院和那打素醫院等則以廣東話授課。早期的護士培訓，以學徒制訓練形式，而看護生接受培訓後，須參與香港護士管理委員會（Nursing Board of Hong Kong）主辦的考試，合格後才可在港註冊執業，其執業資格亦受英格蘭及威爾斯普通科護士管理委員會（General Nursing Council of England and Wales）的認可。[13] 護士考試分為初級試和高級試。初級考試科目，包括基本解剖學、生理學、衛生及看護學。初級試的訓練時間為 24 個月；看護生完成首年課程後，便可參與考試。高級考試科目則包括藥物學及治療學、醫藥學及治療學、外科學及外科看護學、一般看護學、婦女病學及婦女病看護學，若是男看護則豁免婦女病看護學。完成三年訓練，以及初級試必須合格，才可參與高級試。[14]

---

11 〈醫務局通告大量招募見習護士〉，《香港工商日報》，1946 年 11 月 29 日，頁 3。
12 同上註。
13 Hong Kong Government, *Hong Kong Annual Departmental Report by the Director of Medical and Health Services for the Financial Year 1951-2.*
14 〈政府憲報公布修正護士考試科目〉，《華僑日報》，1947 年 12 月 14 日，頁 6。

　　廣華醫院在戰後繼續其護士訓練課程。最初看護生的投考標準
如戰前，其後漸漸提高。如 1947 年，「入學年齡為二十歲至卅五歲，
投考須有初中畢業資格，或具有同等程度者」。[15] 及後看護生的投考
年齡，縮窄為 18 至 25 歲，需體格健全和未婚。[16] 至 1949 年，看護女
生的投考要求有所增加：年齡提高為 20 至 25 歲，身高不少於五呎，
體重不少於 90 磅，未婚，更需有保證人和身體檢驗合格證書。規定
「凡欲投充看護生者須繕就請求書呈交東華三院主席由主席命其填寫
志願書（格式一）及命其覓殷實人士兩位具備立證書（格式二）保
證其品格連同其本人二寸度半身照片兩張一并呈交來院」。[17] 後因應
港府的新規例，在 1952 年看護生的學歷要求，提高至高中一年級修
業期滿。[18]

　　東華三院的看護士投考人數，逐年增加。設有入學試，以篩選
合資格的應考者，考試「由三院總理、院長、護士長、看護教師，聯
同組織考試委員會辦理」。[19] 考核科目包括中文作文、算術和簡易英
文。[20] 通過考試的看護生，將分配往東華醫院、東華東院和廣華醫院
實習訓練。如在 1947 年 8 月 15 日，東華三院舉行看護生入學試，投
考者達 300 人，只有 45 人獲取錄，9 人分派往東華醫院，21 人往廣

15　香港東華三院：《香港東華三院院務報告書》，1947 年，頁 25。

16　Tung Wah Hospitals, Minutes of the 36th Meeting of the Medical Committee, Tung
　　Wah Hospitals held on December 23, 1946 at 5.15 p.m.; 香港東華三院：《香港東華
　　三院院務報告書》，1948 年，頁 15。

17　Tung Wah Hospitals, Minutes of the 53rd Meeting of the Medical Committee, Tung
　　Wah Hospitals held in the Conference Room, Medical Headquarters, Hong Kong and
　　Shanghai Bank Building, 1st floor, on 9th November, 1949 at 5.15 p.m.; 香港東華三
　　院：《香港東華三院院務報告書》，1949 年，頁 16-18。

18　香港東華三院：《香港東華三院院務報告書》，1952 年，頁 12。

19　香港東華三院：《香港東華三院院務報告書》，1947 年，頁 25。

20　Tung Wah Hospitals, Minutes of the 35th Meeting of the Medical Committee, Tung
　　Wah Hospitals held on November 22, 1946 at 5.15 p.m.; 香港東華三院：《香港東華
　　三院院務報告書》，1949 年，頁 16-18。

華醫院及 15 人往東華醫院，並於 10 月 1 日上課。[21] 1948 年度舉行兩次女看護生入學試，第一次為 1948 年 8 月 16 日，投考者達千多人，初試合格者為 516 人，但取錄名額只有 29 人。第二次考試於 1949 年 7 月 20 日，投考和取錄人數與第一次相同。[22] 後「近年因女子對於護士職業深感興趣，同時因待遇優厚，投考者異常擠擁」。如 1949 年 7 月參與入學試的女生達 1,353 人，但名額有限，只取錄 23 人，備取生為 27 人。[23] 1951 年 9 月 3 日舉行的看護生入學試，取錄 36 人，18 人分配往東華醫院，16 人往廣華醫院及 2 人往東華醫院。[24] 1952 年 8 月 19 日舉行看護生入學試，共 1,300 多人報名，只取錄 34 人，其中 22 人派往廣華醫院。[25]

看護生訓練期為三年。完成第一年修業，須參加香港政府的護士初級試。三年訓練期滿，再參加高級試，通過考試者可獲取註冊護士的資格。同時，她們可繼續接受一年的產科訓練，再參與香港政府產科會考，合格者可取得註冊助產士的資格。[26] 根據東華三院《看護士訓練規則及服務章程合約》，看護生入學半年後，須經受訓醫院的醫生、女看護長和教師評核其成績和操行，才可以繼續訓練。並規定若看護生於學習兩年內，仍未能通過香港政府的護士初級考試，將被醫院解僱。若三次應考畢業試都未能通過，亦會根據《管理看護事務局章程規定》，將不能再應考。[27]

21　香港東華三院：《香港東華三院院務報告書》，1947 年，頁 26-27。

22　香港東華三院：《香港東華三院院務報告書》，1948 年，頁 15-16。

23　香港東華三院：《香港東華三院院務報告書》，1949 年，頁 19。

24　香港東華三院：《香港東華三院院務報告書》，1950 年，頁 15。

25　香港東華三院：《香港東華三院院務報告書》，1952 年，頁 13。

26　香港東華三院：《香港東華三院院務報告書》，1947 年，頁 27。

27　Tung Wah Hospitals, Minutes of the 53rd Meeting of the Medical Committee, Tung Wah Hospitals held in the Conference Room, Medical Headquarters, Hong Kong and Shanghai Bank Building, 1st floor, on 9th November, 1949 at 5.15 p.m.; 香港東華三院：《香港東華三院院務報告書》，1949 年，頁 18-19。

1950 年代東華三院三間護士學校全體畢業生與董事局成員、醫務總監、醫院院長、護士長及護士教師於廣華醫院舊大堂（今東華三院文物館）前合照。

1963 年東華三院招聘護士學生，職員及總理向申請者講解詳情。

　　同時，東華三院統一護士的制服式樣，從外觀確立不同等級的護士資格。護士制服規定如下：

　　　　護生：袖鑲藍布帽鑲藍線

　　　　護士：白衫白帽任職五年以上者佩腰帶十年以上者佩紅腰帶

　　　　副教師：白衫白帽用半藍領

　　　　正教師：白衫白帽用全藍領

　　　　副護士長：白衫白帽用半紅領

　　　　正護士長：白衫白帽用全紅領 [28]

　　東華三院致力護士和助產士的培育，縱然面對戰爭仍堅持，並於1948年4月10日舉辦戰後首次聯合畢業典禮。港督葛量洪夫人出席是次護士畢業典禮，並頒授證書。是次畢業學生包括戰時和戰後的畢業生，共68人，包括東華醫院36人、廣華醫院26人和東華東院6人。[29]

表 2.1：光復後廣華醫院護士產科生第一屆畢業生名單（1948 年）[30]

1　馬鳳瓊	2　梁靄華	3　鄭秀鸞	4　梁潔華
5　羅秀馨	6　林羣英	7　梁慧珍	8　余德真
9　陳惠霞	10　鄺麗英	11　伍碧球	12　薛卓雲
13　陳孔佳	14　劉慶慈	15　李秀珍	16　李麗嫦
17　劉惠賢	18　馬月嫻	19　吳惠婉	20　梁道華
21　劉洵懿	22　陳效蓮	23　凌紹瓊	24　黎惠蓮
25　廖潤珍	26　張瑞珍		

28　Tung Wah Hospitals, Minutes of the 36th Meeting of the Medical Committee, Tung Wah Hospitals held on December 23, 1946 at 5.15 p.m.; 香港東華三院：《香港東華三院院務報告書》，1947 年，頁 25-26；香港東華三院：《香港東華三院院務報告書》，1949 年，頁 18。

29　Tung Wah Hospitals, Minutes of the 43rd Meeting of the Medical Committee, Tung Wah Hospitals held on May 24, 1948; 香港東華三院：《香港東華三院院務報告書》，1947 年，頁 27；〈三院護士畢業生六十八人今日行畢業禮〉，《華僑日報》，1948 年 4 月 10 日，頁 4；〈三院護士學校今天舉行畢業禮〉，《大公報》，1948 年 4 月 10 日，頁 4。

30　香港東華三院：《香港東華三院院務報告書》，1947 年，頁 28。

醫務委員會秘書林志緯代表三院董事局勉勵畢業生：

　　一、南丁格爾為護士之鼻祖，其捨己為人之服務精
神，至今猶為人稱頌，諸生今日畢業之後，開始自立，加
入醫界為人類服務，護士雖為一種最高尚之職業，然單純
以一種職業視之，則對服務精神，必有忽略，而未能盡其
人類天職。

　　二、本院因得政府大量資助，看護學校賴以開授
培植人材，所費甚鉅，諸生應懷念忘意，努力為社會服
務，為人群謀幸福，聊盡看護之天職，上為政府名本院培
植之至意。

　　三、病人貧富不齊，性情不一，且病人入院以後，除
疾病之痛苦外，精神上尤感痛苦，為護士者，必須體諒病
人之心理，予以最大之同情，除遵照醫生指導，時加照料
外，並須對病人之精神痛苦，時加慰藉，切勿存有階級觀
念，疾言厲色，氣指頤使，而予病人以惡劣印象。

　　四、護士工作必須嚴謹，醫生對於病人接觸機會甚
少，如病人入院以後，醫生除每日診視外，對於病人之病
狀與病人之調理，均賴護士之報告與工作，是以護士必須
勤於厭職，而一切工作之執行，尤須秉承醫生指示，小心
翼翼，謹慎將事，方可避免錯誤，減輕病人痛苦。[31]

　　東華三院對護士寄予厚望，因為東華三院是「街坊醫院」，作為
三院的護士不只是一份職業，更是醫院與公眾的橋樑。同時，藉畢業
典禮的時機，表揚東華醫院護士長黃惠民和廣華醫院護士長朱頌鸞，

---

31 〈東華三院護士學生畢業禮林志緯報告護士學校校務〉，《香港工商日報》，1948
　年4月11日，頁6。

在淪陷期間「工作優良」貢獻良多。[32]

表 2.2： 廣華醫院 1946 年至 1947 年畢業護士和助產士名單表 [33]

數目	姓名	畢業日期		數目	姓名	畢業日期	
		護士科	產科			護士科	產科
1	蔡月顏	1941 年 5 月	1946 年 4 月	22	羅秀馨	1946 年 12 月	1947 年 4 月
2	李允棠	1941 年 5 月	1946 年 7 月	23	佘德真	1946 年 12 月	1947 年 1 月
3	黃秀月	1941 年 5 月	1946 年 1 月	24	梁靄華	1946 年 5 月	1946 年 10 月
4	源淑芬	1941 年 12 月	1946 年 1 月	25	黎惠蓮	1947 年 4 月	1946 年 5 月
5	陳寶珠	1946 年 6 月	1946 年 1 月	26	王佩蘭	1947 年 12 月	1946 年 5 月
6	李培英	1946 年 6 月	1946 年 1 月	27	王桂蘭	1947 年 12 月	1946 年 5 月
7	王少嫻	1946 年 6 月	1946 年 1 月	28	吳流芳	1947 年 12 月	1946 年 5 月
8	謝基恩	1946 年 6 月	1946 年 4 月	29	楊秀嫻	1947 年 12 月	1946 年 5 月
9	譚慧珍	1946 年 12 月	1946 年 4 月	30	高嘉蘭	1947 年 12 月	1946 年 5 月
10	陳秀鸞	1946 年 6 月	1946 年 4 月	31	白彩珠	1947 年 12 月	1946 年 1 月
11	劉麗華	1946 年 6 月	1946 年 1 月	32	林淑賢	1947 年 12 月	1946 年 7 月
12	蔡文瑛	1946 年 12 月	1946 年 4 月	33	麥舜瓊	1947 年 12 月	1946 年 7 月
13	鄭妍芳	1946 年 6 月	1946 年 1 月	34	凌紹瓊	1947 年 12 月	1946 年 7 月
14	馬鳳瓊	1946 年 6 月	1946 年 4 月	35	梁冰玲	1947 年 12 月	1946 年 7 月
15	方文蘇	1946 年 12 月	1946 年 4 月	36	李卓君	1947 年 12 月	1946 年 7 月
16	吳國英	1946 年 6 月	1946 年 1 月	37	黃彩美	1947 年 12 月	1946 年 7 月
17	鄧麗華	1946 年 12 月	1946 年 10 月	38	鄧錦屏	1947 年 12 月	1946 年 7 月
18	鄭秀鸞	1946 年 12 月	1946 年 1 月	39	陳啟蘊	1947 年 12 月	1946 年 7 月
19	梁慧珍	1946 年 12 月	1946 年 10 月	40	陳燕嬋	1947 年 12 月	1946 年 1 月
20	林羣英	1946 年 12 月	1947 年 1 月	41	英素貞	1947 年 12 月	1946 年 1 月
21	梁潔華	1946 年 12 月	1947 年 1 月				

雖然戰後護士短缺，但東華三院對現職護士削減薪酬，事件亦

32　同上註。

33　香港東華三院：《香港東華三院院務報告書》，1947 年，頁 13-15。

1958 年東華三院主席張鎮漢致送紀念品予榮休的東華醫院
護士長黃惠民

反映補助醫院的困難。在 1947 年 5 月，東華三院削減護士和醫院職
工的薪酬，引起一連串的討論。東華三院於光復初期由香港政府直接
管理，其醫院所有員工的薪酬與政府醫院無異。但自 5 月 1 日起，港
府每年向東華三院撥款一次，其員工薪金支付由院方自行處理。由
是在 5 月 3 日發放 4 月的薪金時作出調整，三院各院長、醫生、護士
長、看護生都獲加薪，但為數最多的護士和員工則減薪，所以他們深
表不滿。[34] 而董事局指出三院「後歸醫務委員會管理後，預算則受限
制，即以護士及工人而論，亦有規定限用幾人，及每人之薪金若干，
不得自行增減，蓋超出預算，則無法追加也」。由是護士和員工減
薪，「純為預算所限」。[35]

　　東華三院員工繼續要求恢復原本薪金，政府職工華員聯愛會代

34　Tung Wah Hospitals, Minutes of the 38th Meeting of the Medical Committee, Tung
　　Wah Hospitals held on March 25, 1947 at 5.15 p.m.;〈東華三院護士被減薪〉,《工商
　　晚報》，1947 年 5 月 9 日，頁 4。

35　〈三院護士減薪純為預算所限〉,《工商晚報》，1947 年 5 月 12 日，頁 4。

向醫務委員會請求代辦，但港府未有回覆。三院主席翁世晃表示曾與各代表會面，「經面商圓滿解決」，但其後再有要求「則無所知」。翁氏指出三院員工於 4 月減薪，而護士沒有派代表見面，所以未知他們的意願。他承認護士有被減薪，他們的薪金，包括四部分：原分薪金、生活津貼、復員津貼和臨時津貼。但港府在 4 月取消臨時津貼，所以收入減少。以 3 月份的薪津為例，薪金為 90 元、生活津貼為 15元、復員津貼 64.5 元，臨時津貼為 70 元。而 4 月的薪金為 133.33 元（增多 43.33 元）、生活津貼為 20 元（增多 5 元）、復員津貼 60 元（減少 4.5 元），而臨時津貼取消。由是，3 月的總收入為 239.5 元，4 月為 213.33 元，則減少 26.17 元。翁氏解釋有關臨時津貼，「顧名思義，係臨時者，故無法固定照支云」。[36]

　　同樣，東華首總理徐季良表示，減低工資一事的緣由：「光復後院方所給予工友之工資，乃根據軍政府時以工代賑之計劃，每人每日一元，月薪三十。但自民政恢復後，當局對工資已有明文規定，三院亦受政府監督，工資亦不能較政府醫院為多，故此舉實不得已。」[37]至 1948 年，三院員工和護士繼續爭取增加薪金，以應付生活的需要。三院主席徐季良表示理解他們的需求，但三院的經費有限，而護士有 200 多人以及員工眾多，所費甚鉅。故三院小組委員會將整理預算表，以提交香港醫務委員會，向港府申請增加資助，以改善員工的待遇。[38]

　　同時，三院重視護士的住宿需求，從而擴大看護生的訓練人數。如 1947 年廣華醫院全院員工共 281 人，其中護理人員共 92 人，包括看護長 1 人，副看護長 2 人，看護教師 1 人，高級護士 2 人，女

36 〈東華三院職工護士減少收入原因——取消臨時津貼〉，《香港工商日報》，1947年 5 月 15 日，頁 3。

37 〈三院護士致函主席請復原薪——徐季良談〉，《香港工商日報》，1947 年 5 月 16日，頁 4。

38 〈三院員工護士改善生活須增加補助費〉，《華僑日報》，1948 年 2 月 16 日，頁 4。

1952 年 1 月 4 日落成的護士宿舍「司徒永覺紀念樓」

看護員 27 人，看護生 59 人。[39] 是年廣華醫院平均有護士約 30 人，宿舍在大堂樓上之兩房，而對面則是肺病房。由於兩房的通風設備不足，所以部分窗戶需要長期關閉；更缺乏廁所等設備。而且護士分居於醫院五處，對看護長和舍監的管理都極不理想和方便。由是，廣華醫院構思另建護士宿舍，以解決護士分散和紓緩病房不足的問題。[40]

　　1947 年，廣華醫院計劃籌建護士宿舍，從而擴充病房產房。護士宿舍將於廣華醫院對面的廣華園興建，但需時籌備有關的建築費。[41] 護士宿舍的建築計劃，包括 30 間房間，以供應 120 名護士住宿；5 間房和 1 間休息室，為護士長、2 名副護士長、高級護士和

39　香港東華三院：《香港東華三院院務報告書》，1947 年，頁 40。

40　同上，頁 53-54；香港東華三院：《香港東華三院院務報告書》，1948 年，頁 28。

41　Tung Wah Hospitals, Minutes of the 58th Meeting of the Medical Committee, Tung Wah Hospitals held in the Conference Room, Medical Headquarters, Hong Kong and Shanghai Bank Building, 1st floor, on Wednesday, 8th March, 1950 at 5.15 p.m.; 香港東華三院：《香港東華三院院務報告書》，1947 年，頁 53。

護士教師之用；兩間房為 10 名職工住宿；另有會客室、飯堂、講堂、廚房和伙食房。[42] 經歷屆總理的籌款，新宿舍於 1950 年 12 月 1 日奠基，並於 1952 年 1 月 4 日落成。護士宿舍名為「司徒永覺紀念樓」，共三層。樓下正中大堂名為「胡文豹紀念堂」，由胡文虎捐款，而二、三樓為護士學校的課室和宿舍。舊日的護士宿舍，則用作產房。[43] 同年，廣華醫院有正護士長 1 人，副護士長 2 人和護士員生 123 人。[44] 至 1957 年，因護士宿舍已不敷應用，所以需加建一層，工程於是年 8 月完成。[45]

二、迎難而上：廣華醫院護理教育的挑戰

　　戰後香港出生人數日漸增加，對合資格的助產士有一定的需求。早在戰前，港府已立例監管合資格的助產士。戰後，東華東院和廣華醫院繼續訓練助產士，以穩定香港助產士的執業人數。[46] 至 1947 年，全港有 89 名新註冊的助產士，其中 49 名已註冊，包括 40 名剛畢業；由是全港已註冊助產士共有 707 名。[47] 再者，香港的居住環境限制了分娩的方式，大部分孕婦居住環境擠迫，不便在家分娩，只可選擇在醫院分娩，這對醫院的婦產病床有一定的需求。由是港府必須在各區醫院，提供足夠的婦產病床和助產士，以迎合產婦的分娩和留院的需要。在港島區大部分的婦產個案，集中在贊育醫院分娩，而九

42　香港東華三院：《香港東華三院院務報告書》，1948 年，頁 28。

43　Tung Wah Hospitals, Minutes of the 55th Meeting (Special) of the Medical Committee, Tung Wah Hospitals held in the Conference Room, Medical Headquarters, Hong Kong and Shanghai Bank Building, on 29th December, 1949 at 5.15 p.m.; 香港東華三院：《香港東華三院院務報告書》，1951 年，頁 23-25。

44　香港東華三院：《香港東華三院院務報告書》，1952 年，頁 12。

45　香港東華三院：《香港東華三院院務報告書》，1957 年，缺頁數。

46　Hong Kong Government, *Annual Report of the Medical Department 1946*.

47　Hong Kong Government, *Annual Report of the Medical Department 1947*.

龍區則以廣華醫院為主，這肯定了補助醫院的重要性。然而，全港的
病床供應不足，婦產科病床更為緊張，以 1953 年為例，婦產科病床
其平均使用日數為三天。[48]

　　廣華醫院所處的九龍半島，「地方遼闊，居民眾多，免費醫院更
如鳳毛麟角，復須容納新界貧病留醫留產，病房時感不敷」。特別是
產房十分擠迫，如 1948 年廣華醫院有 7,072 宗分娩個案，每日平均
70 至 100 名產婦需要留院，但固定的婦產病床只有 50 張，由是「另
設帆布床」，令原只可容納 50 人的產房，強行容納 100 多人。[49] 廣華
醫院早在 1947 年計劃籌建新的護士宿舍，從而將現有的護士宿舍，
擴充作病房產房，預計可以增加免費床位 50 張、頭等自費病房 21 間
和三等床位 10 張等。[50]

1959 年廣華醫院病房內非常擠迫

48　Hong Kong Government, *Hong Kong Annual Departmental Report by the Director of Medical and Health Services for the Financial Year 1953-54*.

49　香港東華三院：《香港東華三院院務報告書》，1947 年，頁 52-53。

50　同上，頁 53。

然而，九龍區缺乏可供分娩的醫院，所以九龍區和新界區的產婦，都集中往廣華醫院分娩。由是廣華醫院婦產病床不足的問題，根本無法解決。如在 1950 年助產士監督（Supervisor of Midwives）巡視廣華醫院產房，以了解助產士學生的實習情況，她指出婦產病房十分擠迫。院方指出曾多次勸說產婦可到私人留產所，但她們不理會，更多是在臨盆一刻才到醫院，若拒

1950 年 2 月 28 日《香港工商晚報》有關東華三院產房擠迫情況的報道（何鴻毅家族提供）

絕她們的入院要求，只會出現在路邊分娩的緊急情況。廣華醫院平均每日有 20 宗分娩，需躺臥的產婦平均 100 人，高峰時有 170 人。為了改善婦產病房的擠迫，故建議在醫院門診部實行產前登記制度，只有已登記的產婦才可以入院分娩。非登記的產婦在產房病床不足時，可拒絕她們入院，並請她們往私人留產所或找政府的助產士。[51] 後在 1956 年度，廣華醫院擴充產房，提供共 180 張病床。但每日平均有 320 名產婦入院，所以出現「張設帆布床及孖鋪」，方可以接收所有的產婦。同時，廣華醫院亦將部分外科自理房改為產房，以增加 30

---

51 Tung Wah Hospitals, Minutes of the 59th Meeting of the Medical Committee, Tung Wah Hospitals held in the Conference Room, Medical Headquarters, Hong Kong and Shanghai Bank Building, 1st floor, on Friday, 14th April, 1950 at 5.15 p.m.

張病床的供應。但如三院的報告書形容，仍是「杯水車薪」，「無濟於事」。[52]

　　除了婦產病床嚴重不足，戰後肺結核在港肆虐，亦是急需處理的問題。肺結核最有效的治療方法，是隔離的留院治療，這不僅讓患者有充分的休養，亦可以防止肺結核在社區傳播。可是，香港缺乏專治肺結核的病床供應，而且大部分患者亦需要工作，無法接受長期的留院治療。由是防治肺結核，不只是醫療的問題，更與經濟和城市規劃等有關。在缺乏足夠的治療肺結核留院設施下，港府的防治肺結核政策集中控制其在社區的蔓延。病情較輕或早期的肺結核患者，會接受港府診所的非臥床藥物治療，只有經港府診所篩選後的嚴重個案，才可以接受留院的治療。

　　1947 年 4 月，港府在夏慤健康中心（Harcourt Health Centre）設立肺癆診所，港府規定凡在政府醫院或獲港府資助的醫院接受留院治療的肺癆患者，必須經夏慤健康中心的肺癆診所轉介，不能自行入院接受治療。1947 年，夏慤健康中心肺癆診所總求診人數為 37,658 人，其中 515 名患者獲轉介接受留院治療。隨着居住九龍的人口增加，港府決定在九龍區興建一所肺癆診所。1951 年 2 月，九龍肺癆診所正式落成。[53] 在安排肺結核患者留院事務上，港府與志願團體合作，以即時增加全港肺結核病床的供應。例如大部分需要留院的肺結核患者，多安排往由香港防癆協會（Hong Kong Anti-Tuberculosis Association）開辦的律敦治醫院（Ruttonjee Sanatorium），或在九龍區則往廣華醫院。

　　然而，廣華醫院應對肺結核患者的設備有限。例如缺乏專治肺

52　香港東華三院：《香港東華三院院務報告書》，1958 年，頁 20。

53　Hong Kong Government, *Annual Reports 1950-51: Medical and Health Services*, p. 80.

結核的專科醫生，由是港府需要委派醫生以支援。[54] 港府後委任數名
專治肺結核的榮譽顧問醫生，他們每星期會往兩至三所肺結核門診應
診。[55] 可是，九龍區對肺結核病床需求甚大，廣華醫院病人眾多，導
致肺結核病房十分擠迫。這樣不僅患者無法獲得適當的休養，亦增加
肺結核在醫院內傳染的風險。如 1950 年開始，廣華醫院陸續有員工
和護士染上肺結核，需要申請休假。其後，三院規定醫護員工需定期
檢查身體，若發現呈陰性需注射卡介苗，以及早發現肺結核個案，
避免員工感染。[56] 1951 年，規定三院的員工若在肺結核病房工作，需
定期每半年檢驗一次，醫院所有新入職的員工，都需接受胸肺的 X-
光檢查。[57]

　　廣華醫院是九龍區最主要的醫院，入院和門診病人屢創新高，
對護理工作構成壓力。醫院落成已久，又經歷戰爭，雖然多次擴建，
但仍未能提供一個恰當的培訓場所。如 1953 年，護士管理委員會巡
視時，提出護士培訓需作出改善，包括病房環境狹窄，有礙看護生的
實習，並應聘用合格的護士教師；長遠應改善護士學校和宿舍等。[58]

54　Tung Wah Hospitals, Minutes of the 57th Meeting of the Medical Committee, Tung Wah Hospitals held in the Conference Room, Medical Headquarters, Hong Kong and Shanghai Bank Building, 1st floor, on Wednesday, 8th February, 1950 at 5.15 p.m.; Tung Wah Hospitals, Minutes of the 74th Meeting of the Medical Committee, Tung Wah Hospitals held in the Conference Room, Medical Headquarters, Hong Kong and Shanghai Bank Building, 1st floor, on Thursday, 9th August, 1951, at 5.15 p.m.

55　Tung Wah Hospitals, Minutes of the 74th Meeting of the Medical Committee, Tung Wah Hospitals held in the Conference Room, Medical Headquarters, Hong Kong and Shanghai Bank Building, 1st floor, on Thursday, 9th August, 1951, at 5.15 p.m.

56　Tung Wah Hospitals, Minutes of the 68th Meeting of the Medical Committee, Tung Wah Hospitals held in the Conference Room, Medical Headquarters, Hong Kong and Shanghai Bank Building, 1st floor, on Wednesday, 14th February, 1951, at 5.15 p.m.

57　Tung Wah Hospitals, Minutes of the 74th Meeting of the Medical Committee, Tung Wah Hospitals held in the Conference Room, Medical Headquarters, Hong Kong and Shanghai Bank Building, 1st floor, on Thursday, 9th August, 1951, at 5.15 p.m.

58　劉智鵬：《善道同行──東華三院一百五十周年史略》（香港：香港城市大學出版社，2021 年），頁 126。

為了增加病房的護理人手，1954 年三院增聘助理護士。助理護士是在不被英聯邦承認的地區受訓，如中國內地、台灣等，薪金較護士為低。他們負責病房中較厭惡和繁瑣的工作，至於與複雜醫療相關的工作則由護士負責，從而分擔護士繁多的工作量，提升護理和病房的運作質素。[59]

　　至 1960 年代，九龍區的人口持續增長。截至 1961 年 3 月 7 日，香港總人口為 3,128,044 人，居住在港島區有 1,004,917 人，九龍區有 1,574,915 人，而新界區有 409,905 人，船民有 138,307 人。[60] 香港人口年青化，接近 40% 為 15 歲以下。他們較接受西醫治療，所以對診所和醫院服務有一定的需求。[61] 然而，至 1963 年伊利沙伯醫院落成前，

1958 年護士學生合照

59　同上，頁 127。

60　Hong Kong Government, *Hong Kong Annual Departmental Report by the Director of Medical and Health Services for the Financial Year 1960-61*.

61　同上註。

1965 年重建完成的廣華醫院；左為南翼，右為東翼，中為正樓，北翼則在正樓之後。

香港大部分醫院集中在港島區，而位於九龍區的主要醫院，則有包括政府醫院九龍醫院和東華營運的廣華醫院。九龍醫院經過擴建後，病床從 1960 年 4 月 1 日的 339 張，增至 1961 年 3 月 31 日 521 張，而病人在 1960 年的平均留院時間為 7.4 日。[62] 然而，在九龍醫院未擴建前，九龍區主要的醫院是獲港府補助的廣華醫院。

香港病床數目嚴重不足，為了應付持續增多的留院需要，各所醫院廣泛使用帆布床，以即時增加接收病人的能力。同時，港府致力興建新的醫院或擴建原有的醫院。港府原先訂下每 1,000 人可享用 5.75 張病床，但 1960 年 3 月 31 日每 1,000 人為 2.67 張病床。[63] 以九龍區為例，因為工業發展，相關的工業意外增加，所以對病床需

62 同上註。

63 Hong Kong, Working Party on the Development of Medical Services, *Development of Medical Services in Hong Kong* (Hong Kong: Government Printer, 1964), pp. 7-8.

求大增。港府擴建九龍醫院，將額外提供 384 張病床。[64] 廣華醫院早於 1950 年代已超出負荷，醫院大部分設施殘舊，而且環境限制不宜擴建，所以最終拆卸大部分大樓，重建為現代化的醫院。1958 年，廣華醫院的重建計劃展開，「為空前慈善醫院偉大建設，全部建設費用，超逾三千萬」，病床供應將由 659 張增至 1,270 張。[65] 至 1965 年，廣華醫院重建竣工，分別建有樓高 12 層的東、南、北翼，另建有大樓中座、醫護人員宿舍和護士訓練學校。[66] 由於多所醫院將完成擴建或落成，港府預計至 1963 年底，香港每 1,000 人可以享用 1.43 張普通醫院的病床。[67]

　　然而，要徹底解決病床不足的問題，不應只是擴建或興建醫院，而是嚴謹將患者分類，將非緊急患者分流到不同醫院繼續接受不同程度的治療，從而減輕個別醫院的留院壓力。例如將初步治癒的患者，轉介往補助醫院，繼續跟進治療或療養，從而縮短對政府醫院緊急病床的佔用時間。如 1961 年，政府醫院和補助醫院的總留院人數 65,678 人，而香港整體人口為 2,547,400 人，即每 1,000 人有 25.8 名留院病人。但急症留院個案，平均留院時間兩星期，留院時間過長，造成普通緊急病床的使用率為每 1,000 人只享用 1 張病床。[68] 然而，隨着伊利沙伯醫院的落成和廣華醫院的擴建完工，期望可以紓緩九龍區的病床供應。[69]

64　同上，頁 4。

65　同上；《香港東華三院院務報告書》，1959 年，缺頁數；劉智鵬：《善道同行——東華三院一百五十周年史略》，頁 117。

66　劉智鵬：《善道同行——東華三院一百五十周年史略》，頁 117。

67　Hong Kong, Working Party on the Development of Medical Services, *Development of Medical Services in Hong Kong* (Hong Kong: Government Printer, 1964), p. 4.

68　同上，頁 13。

69　同上，頁 5-6。

表 2.3： 廣華醫院病床數目、留院人數和留產人數統計表（1947 年 -1970 年）[70]

年份	病床數目			留院人數			留產人數		
	自費	免費	合計	自費	免費	合計	自費	免費	合計
1947	35	415	450	7,949	108,948	116,897	4,999		4,999
1948	35	415	450	11,925	128,553	140,478	8,653		8,653
1949	35	415	450	11,228	10,850	22,078	934	31,776	32,710
1950	缺數據			14,313	127,310	141,623	610	8,336	8,946
1951	45	405	450	14,628	143,705	158,333	405	11,649	12,054
1952	缺數據			缺數據			缺數據		
1953	缺數據			21,939	183,500	205,439	7,046	7,634	14,680
1954	缺數據			缺數據			缺數據		
1955	96	464	560	20,107	120,471	140,578	8,373	10,405	18,778
1956	缺數據			缺數據			缺數據		
1957	99	556	655	18,393	163,079	181,472	7,498	14,459	21,957
1958	70	648	718	18,914	205,904	224,818	8,015	15,096	23,111
1959	79	652	731	19,367	325,909	345,276	9,844	12,712	22,556
1960	59	678	737	14,438	149,101	163,539	8,955	11,456	20,411
1961	143	917	1,060	8,500	231,488	239,988	7,280	12,749	20,029
1962	154	1,083	1,237	15,369	251,913	367,282	7,829	12,866	20,695
1963		1,385	1,385	24,892	60,537	85,429	6,699	13,268	19,967
1964		1,376	1,376	27,731	366,111	393,842	5,288	13,189	18,477
1965	610	1,555	2,165	14,164	304,367	318,231	3,125	11,936	15,061
1966	500	1,555	2,055	52,555	339,669	392,224	9,037	6,706	15,743
1967	500	1,515	2,015	49,786	325,198	374,984	9,211	7,402	16,613
1968	415	1,542	1,957	63,881	295,425	359,306	8,834	6,406	15,240
1969	415	1,542	1,957	58,195	322,271	380,466	9,772	5,302	15,074
1970	415	1,542	1,957	57,771	346,781	404,552	10,721	5,665	16,386

70　何佩然編著：《傳與承──慈善服務融入社區》（香港：三聯書店，2010 年），頁 173-174、177。

　　港府於 1964 年成立香港醫療服務發展工作小組，並發表《香港醫療衛生服務發展白皮書》，為香港未來十年的醫療服務制定發展藍圖。工作小組提出延續港府在 1962 年訂立的醫療服務宗旨，即在未來十年，大部分市民不需因經濟條件的限制，而無法獲得最有效的治療，港府將繼續興建診所和醫院，以應付日益增加的醫療需求。並配合戰後香港人口的分佈，相關醫療設施將集中在九龍和新界。[71] 隨着伊利沙伯醫院和廣華醫院將於 1963 年 12 月全面運作，全港的病床總數為 13,336 張。但工作小組預計香港人口至 1972 年將達 500 萬人，故將目標再次下調，為 1972 年每 1,000 人有 4.25 張病床，這樣全港醫院共需增加 4,760 張病床的供應。[72]

　　然而，港府估計病床不足的情況有望改善。因為出生率將轉變，對婦產科病床的需求維持約 2,500 張。而且初生嬰兒卡介苗注射計劃推行後，肺結核的死亡人數顯著下降，故預計對肺結核病床的需求將從每 1,000 人 0.7 張，下調至 1972 年的 0.5 張。[73] 加上，伊利沙伯醫院將竣工，瑪麗醫院亦進行擴建，將能滿足未來十年對急症、專科化的內科和外科等服務需要。這樣港府補助的醫院如東華三院的醫院和那打素醫院等，便可集中提供非專科的急症治療服務，以及非急症的長期留院服務。[74] 工作小組亦建議按病人的康復程度，將他們分流到普通醫院，繼續接受跟進治療或療養，從而善用各大急症醫院的專科服務和設施，減輕急症醫院的負荷。[75]

71　Hong Kong, Working Party on the Development of Medical Services, *Development of Medical Services in Hong Kong* (Hong Kong: Government Printer, 1964), p. 20.

72　同上，頁 17-20。

73　同上，頁 18-19。

74　同上，頁 22。

75　同上，頁 13。

三、奮勇向前：廣華醫院護理教育的改進

　　隨着廣華醫院重建計劃展開，新的護士宿舍和校舍相繼落成。因應廣華醫院重建後，病床將增加一倍，需要增聘大量護理人員。廣華醫院護士訓練學校於 1960 年 1 月 21 日落成，新校舍具備現代化的設施，可容納 150 名看護生。[76] 這反映廣華醫院對護士訓練的重視，以迎合香港對護理人員的需求。校舍的落成，完善了護理教學的設備，亦為見習護士生提供優良的學習環境。[77] 另新護士宿舍於 1960 年 3 月 30 日落成，新護士宿舍樓高 13 層，共有房間 440 間，可容納 777 名護士居住。除了設有餐廳、高級職員餐廳、休息室和圖書館，更於最高一層，設為夜間工作日間休息護士的睡房，可容納 120 人居住。[78]

　　同時，廣華醫院增加看護生的招聘名額。雖然，在 1957 年三院規定每年招生三次，每期招生 25 人，即全年為 75 人，[79] 但因廣華醫院的需要，在 1959 年三院看護生取錄名額增至 140 名，並於 7 月 27 日舉行入學試，8 月 4 日放榜。[80] 1960 年度的看護生入學試，於 1960 年 7 月 1 日舉行，獲取錄為 126 人，並於 9 月 8 日起分批入學。由於仍有餘額，所以於 8 月 24 日再次招生。[81] 並在 1965 年 7 月和 12 月，東華醫院護士學校和東華東院護士學校分別合併入廣華總校，名為「東華三院護士學校」。大部分教師和學生都遷往廣華總校，進一步整合護士教育資源，集中培訓註冊護士，並提高訓練的質素。[82]

　　其後護士學校改革護士訓練課程，引入「初級護士訓練班」

76　香港東華三院：《香港東華三院院務報告書》，1959 年，缺頁數。
77　劉智鵬：《善道同行 —— 東華三院一百五十周年史略》，頁 126。
78　香港東華三院：《香港東華三院院務報告書》，1959 年，缺頁數。
79　香港東華三院：《香港東華三院院務報告書》，1957 年，缺頁數。
80　香港東華三院：《香港東華三院院務報告書》，1959 年，缺頁數。
81　香港東華三院：《香港東華三院院務報告書》，1960 年，缺頁數。
82　劉智鵬：《善道同行 —— 東華三院一百五十周年史略》，頁 126。

1960 年落成的廣華醫院護士學校（左下方）

1960 年 3 月 30 日廣華醫院護士宿舍開幕典禮，主禮嘉賓華民
政務司麥道軻（第一排左四）與東華三院主席王澤流（第一排左
三）、各總理及嘉賓合照。

（Preliminary Training School, P.T.S.），以完善護士的訓練質素。改革緣於以往課程是授課與實習並行，未能達到最佳的教學成效。例如看護生入學後，即安排往病房實習，她們的常識不足，亦缺乏經驗。而且她們同時兼顧課堂學習和實習訓練，不能集中精神專注學習，影響考試成績。再者，在看護生被派往病房實習時，病房出現工作人員過多，但當她們需到課室上課時，則令病房人手短缺，出現工作不均的情況。由是自 1958 年提出引入「初級護士訓練班」，初入學的看護生須到東華醫院護士學校上課三個月，學習基本理論和護理知識，再須通過考試，才可正式分配到病房實習訓練。[83] 1959 年，剛獲取錄的看護生分為三批，接受三個月的「初級護士訓練班」，並須考試合格，再分派往不同的醫院實習。[84]

　　除了改革課程，三院亦致力改善醫院設備，以配合香港護士管理委員會和香港助產士管理委員會對護士和助產士的教學要求。委員會會定期巡查三院，了解看護生和助產士學生的學習情況，核對有關的考試題目，並提出改善建議。[85] 然而，三院的病人過多，病房環境惡劣，不利看護生和助產士學生的學習。東華醫院和廣華醫院的留院病人太多，「護士局認為不適合訓練看護生條件」。但三院管理層認為「三院為一收容貧病之慈善醫院，不能拒收垂危病人」。由是決定三院的病房，分為「適合護士訓練病房」和「非訓練之病房」兩種，而東華東院全部為訓練病房。經此劃分，看護生能在訓練病房實習，而非訓練病房則會聘用內地護士畢業生任助理護士。[86]

　　另外在 1950 年 3 月 16 日，助產士監督巡視廣華醫院婦產病房。

83　香港東華三院：《香港東華三院院務報告書》，1958 年，頁 19。

84　香港東華三院：《香港東華三院院務報告書》，1959 年，缺頁數。

85　Tung Wah Hospitals, Minutes of the 53rd Meeting of the Medical Committee, Tung Wah Hospitals held in the Conference Room, Medical Headquarters, Hong Kong and Shanghai Bank Building, 1st floor, on 9th November, 1949 at 5.15 p.m.

86　香港東華三院：《香港東華三院院務報告書》，1957 年，缺頁數。

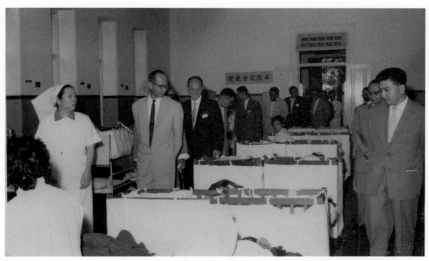

1959 年 5 月 29 日東華三院董事局成員及朱頌鶯護士長陪同嘉賓參觀廣華醫院產科病房。牆上掛有「本院完全免費」標示牌。

她指出在產房的病人已滿額，所有可以讓病人留院的地方都充分利用；而 2 名產婦共睡一張病床是慣常的現象，更由於缺乏嬰兒床，新生嬰兒多與母親同睡。醫院平均每日有 20 宗分娩，需躺臥的產婦平均 100 人，高峰時有 170 人；產房的職員有 10 人，包括 4 名護士長、4 名助產士學生和 2 名女工。產房的工作繁重，職員工作連續八小時當中沒有休息的空間。這樣根本無法妥善照料產婦和初生嬰兒，亦影響助產士學生的學習。她指出助產士學生的訓練，不只是接生，更重要是學習婦產個案的跟進和照料。[87] 然而，廣華醫院的留產人數持續增加，婦產病房的擠迫情況一直無法改善。以 1959 年至 1960 年計算，三院的留產人數為 33,430 人，廣華醫院已佔三分之二。同年香港嬰兒出生人數達 104,579 人，每三個新生嬰兒中，便有一個在三院

87　Tung Wah Hospitals, Minutes of the 59th Meeting of the Medical Committee, Tung Wah Hospitals held in the Conference Room, Medical Headquarters, Hong Kong and Shanghai Bank Building, 1st floor, on Friday, 14th April, 1950 at 5.15 p.m.

出生的。[88]

　　護士教材方面，由於三院的護士訓練以中文授課，所以沒有專用的中文教科書；加上早期廣華醫院護士學校的護士訓練是學徒制，護士生需在病房工作，觀察和協助資深看護生和護士長的工作，從中學習日常的護理知識。後香港護士管理委員會於 1954 年建議三院自行出版中文版的護理教科書，但因缺乏合資歷的人士撰寫，院內的護士教師和醫生們亦無暇兼顧；再者出版成本高昂和出版數目亦有限，所以最後未能成事。[89] 其後，三院為看護生提供一本中文的生理解剖課本，至於其他授課內容，都由看護生抄寫筆記。

　　為了提升臨床護理的教學效率，廣華醫院護士學校導師們於 1968 年編撰教材——《東華三院護理手冊》，有系統地整理護理教授。《護理手冊》序文指出撰寫目的：

> 　　東華三院護理手冊乃由三院總護長護長主任教師護士教師暨各高級護士精心編撰復經三院總院長暨主任醫生審定歷時三載始告蕆事全冊凡百餘頁採活頁釘裝以便日後增刪內容闡釋各種護理方法施行程序及所採用之儀器并附精細插圖使閱者一目了然遑論其為列位精勤研習經驗之作抑亦開三院中文護理手冊之先河也。[90]

　　手冊內容有 19 大項，包括：「病室用具之清潔及滅菌法」

88　香港東華三院：《香港東華三院院務報告書》，1959 年，缺頁數。

89　Tung Wah Hospitals, Minutes of the 102nd Meeting of the Medical Committee, Tung Wah Hospitals held on Thursday, 14th January, 1954, in the Conference Room, Medical Headquarters, Hong Kong and Shanghai Bank Building, 1st floor, at 5.30 p.m.; Tung Wah Hospitals, Minutes of the 103rd Meeting of the Medical Committee, Tung Wah Hospitals held on Thursday, 11th February, 1954, in the Conference Room, Medical Headquarters, Hong Kong and Shanghai Bank Building, 1st floor, at 5.30 p.m.

90　香港東華三院：《東華三院護理手冊》，1968 年。

（Cleansing, disinfection and sterilization of ward equipments）、「入院常規」（Routine ward admission）、「鋪床法（成人及小兒）」（Bed and cot making）、「基本護理」（Basic nursing care）、「檢查及記錄體溫、脈搏、呼吸」（Taking and recording of temperature, pulse and respiration）、「病人飲食」（Hospital diets）、「給藥法」（administration of medicines）、「臨床診斷之程序」（Clinical and diagnostic procedure）、「隔離護理」（Isolation）、「內科護理」（Medical nursing）、「耳鼻喉護理」（E.N.T. nursing）、「眼科護理」（Ophthalmic nursing）、「婦科護理」（Gynaecological nursing）、「矯形外科護理」（Orthopaedic nursing）、「兒科護理」（Paediatric nursing）、「泌尿系統護理」（Genito-urinary nursing）、「外科護理」（Surgical nursing）、「死後料理」（Last offices）和「處方用簡字表」（Abbreviations）；其中專用的名詞有英文對照，讓看護生更容易了解和掌握醫學專有用詞。[91]

其中「普通護理須知」教授看護生護理的知識：

1. 向病人解釋。
2. 必要時圍屏風。
3. 小心護理病人。
4. 應先齊備各需用品，然後開始工作。
5. 用於無菌技術之需用品，不宜過早預備。
6. 進行無菌手續時需要戴口罩。
7. 預備病人。
8. 用前與用後檢查各物品，凡有損破者宜報告主管。
9. 護理前後要洗手及乾。

91　同上註。

10. 凡不正常者要注意，報告及記錄。

11. 用後之用具須清潔，滅菌及放回原處。

12. 敷料鉗（Cheatle forceps）浸於消毒劑中。[92]

隨着香港中學教育普及化，看護生的入學學歷要求進一步提升。投考者須具有中文中學高中或英文中學中五學歷，並在會考的中文、英文和數學成績合格，才符合招募的資格。為確保和鞏固學生的知識，1966 年設立定期學習制度，從而進一步鞏固理論的教授，確立看護生的護理知識，加上病房的臨床實習，使看護生有足夠的訓練，以應付廣華醫院繁多的護理工作。[93] 另為了紓緩護士的工作量，自 1964 年，港府在九龍醫院培訓登記護士，以處理日常的護理工作。東華醫院亦於 1968 年開辦登記護士課程，為期兩年，對投考者的學歷要求較護士為低。[94]

四、自強不息：廣華醫院護理教育的推陳出新

1965 年港府對東華三院的資助超過 5,200,000 元，主要用於廣華醫院的重建工程，廣華醫院因而提升為現代化的醫院，並提供 1,500 張病床。首先，是年 7 月 5 日廣華醫院成立急症部（Casualty Department），以減輕伊利沙伯醫院的急症壓力，以及為新界九龍地區提供急症服務。急症部由東華管理，而政府醫務衛生署委派醫生、護士和輔助醫療人員到該部門工作。[95] 直至年底，已有超過 35,000 宗急症，21.5% 為創傷個案。是年，廣華醫院總病床 1,850 張，總留院

92　同上註。

93　劉智鵬：《善道同行——東華三院一百五十周年史略》，頁 126。

94　同上，頁 127。

95　同上，頁 118；Hong Kong Government, *Hong Kong Annual Departmental Report by the Director of Medical and Health Services for the Financial Year 1965-66*.

人數 42,121 人，其中婦產個案為 17,744 宗；伊利沙伯醫院總病床為
1,388 張，總留院人數 48,711 人，婦產個案 8,130 宗。九龍區的婦產
個案總共 63,095 宗，28,175 宗為私人留產所。[96] 由此可見，廣華醫院
的婦產服務需求很大。

　　至 1968 年，廣華醫院設立深切治療部。廣華醫院的深切治療部
是全港首創，東華亦特別派護士往英國接受相關的專門訓練。深切治
療病房設施齊全，包括呼吸輔助器、麻醉車、心臟休克機等醫療儀
器，並有專門的護理人員，密切觀察垂危病人的情況，以及時拯救他
們的生命。廣華醫院深切治療部的運作，為香港其他醫院提供示範作
用，更進一步提升香港的醫護服務水平。[97] 事實上，廣華醫院為作為
港府補助醫院，營運經費雖有限制，但醫院仍推陳出新，致力開闢不
同的醫療專科服務，從而提升香港整體的醫護水平。

　　隨着急症室和深切治療部的設立，廣華醫院發展更多的專科服
務，由是護理工作亦需迎合發展。廣華醫院護士學校畢業生與時並
進，透過海外進修或在職訓練，完備護理知識，以出任更高級和專門
的護士長、一級或二級護士等，從而提升香港護理行業的質素。早
在 1947 年，廣華醫院女護士曹慧姬已獲英國納菲特紀念基金委員核
准，有一年免費學額往英國皇家護士學院修讀護士師範科。[98] 這種積
極進修的精神一直延續，廣華醫院的現職護士，絕大部分是廣華醫院
護士學校的畢業生，他們都跟隨醫院的專科醫療服務發展，爭取報讀
不同的護理課程，以貼合全球的醫療發展。

　　另外，廣華醫院護士學校重視師資的提升，以確保看護生的學
習。廣華護士學校創立初期，由看護長和院長任教師。至 1938 年港

96　Hong Kong Government, *Hong Kong Annual Departmental Report by the Director of Medical and Health Services for the Financial Year 1965-66*.

97　劉智鵬：《善道同行——東華三院一百五十周年史略》，頁 121。

98　〈廣華女護士曹慧姬公費赴英攻讀〉，《香港工商日報》，1947 年 8 月 30 日，頁 4。

1961 年 4 月 7 日東華三院董事局成員巡視廣華醫院病房。相片右方可見護士學生（衣袖上有藍邊）於病房中協助護理工作。

府委派其護士教師，統籌廣華護士學校的授課，而病房的護理工作，則由高級看護生向低級看護生示範，低級看護生從觀察中學習。1960年代前，香港所有醫院都缺乏專業的護士教師，政府護士體制至 1953 年才出現首位合資格的華人護士教師。由是為了培訓的考量，早期學校的護士導師由資深護士長出任，稱為「署理副教師」或「署理科員」。[99]

為了提高香港的培訓護士的質素，優良的師資十分重要。港府保送華人護士教師往海外進修，1953 年首位護士教師學成而歸，並在政府護士學校任教。廣華醫院亦在 1961 年，在港府的協助下保送護士教師往英國或澳洲進修，修讀教育護理文憑。然而，海外進修的成本高昂，而且香港對護理教育的需求不斷增加。故在 1967 年，護士管理委員會與葛量洪師範學院開辦為現職非專家護士教師的培訓課程，雖然課程不會頒授認可資格，但亦有助提升護理教學，推動護理教職員本地化。廣華醫院護士學校教師亦踴躍修讀，如初期有十位現

---

99 劉智鵬：《善道同行——東華三院一百五十周年史略》（香港：香港城市大學出版社，2021 年），頁 128-129。

職教師和兩名註冊護士報讀。同時，培訓護士教師的課程，亦有助整合不同的護士學校的課程和訓練水平，有利香港護理教育有系統地發展。直至 1981 年，香港理工學院開辦專業護士教師培訓課程，為期兩年，訓練專業護士教師，完成課程可獲英國皇家護士局認可。[100]

　　1970、80 年代，香港人口因本土出生率的提高，以及公共衛生設施和醫療服務的改善，死亡率進一步下降。例如 1977 年，估計香港中期人口為 4,513,900 人，約三成的人口是 15 歲以下，65 歲以上為 5.7%。[101] 至 1985 年，香港中期人口估計為 5,420,000 人。[102] 香港人口的增長，改變了港府的房屋和城市規劃政策。由於人口過度集中港島區和九龍市區，港府決定發展新界區，建立新市鎮，將就業、經濟、居住和醫療等問題，一併解決，以分散香港人口。

　　港督麥理浩提出「十年建屋計劃」，結合新市鎮的發展，將香港人口重新分配。計劃預期在十年內，為 180 萬人提供合理的居住環境。針對過去城市規劃的不足，新市鎮將規劃完備的民生設備，包括預算新市鎮落成後該區居民的醫療需求，計劃興建大型的醫院，例如屯門醫院和沙田醫院等。同時，港府致力發展新市鎮的基層醫療服務，以配合香港醫療體制的架構重整，包括以低廉的租金，鼓勵私家醫生在新市鎮開業。

　　1970、80 年代，香港的公共衛生情況持續改善，這改變了香港市民的健康狀況。1960 年代末，公共衛生改善，因傳染病而死亡的個案明顯下降。其時香港主要的致死疾病為癌症，以肺癌為首，癌症

100　同上註。

101　Hong Kong Government, *Hong Kong Annual Departmental Report by the Director of Medical and Health Service K. L. Thong, JP, MB, BS(HK), FFCM (UK), DPH (Malaya) for the year 1977-78*, pp. 1-2.

102　Hong Kong Government, *Hong Kong Annual Departmental Report by the Director of Medical and Health Service K. L. Thong, JP, MB, BS(HK), FFCM (UK), DPH (Malaya) for the financial year 1985-86*, p. 1.

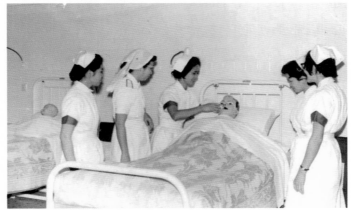

1960 至 1970 年代廣華醫院護士學生上課情況

死者集中 40 至 69 歲的年齡層。[103] 到 1972 年，香港五大致命疾病包括癌症、心臟疾病如高血壓、肺炎、腦血管疾病和肺結核。癌症的死亡人數持續上升，由 1961 年每十萬人口的 69.7 人，增至 1972 年的 107.3 人。[104] 而且，港府重視母嬰健康服務發展，公眾關注嬰兒、孕婦和產婦的健康，如孕婦開始重視產前檢驗，產前檢驗個案增加，因此分娩死亡率也相對下降。[105]

　　港府在 1974 年發表《香港醫療衛生服務的進一步發展》白皮書，對香港的醫療和衛生服務作出持續性的檢討。[106] 白皮書指出截至 1972 年年底，全港總病床的數目為 17,387 張，比例為每 1,000 人可以享有 4.26 張病床。但其中 1,245 張是臨時病床，另 827 張病床未達到標準。[107] 帆布床仍廣泛使用，以應付病床不足的情況。緊急入院個案持續增加，不僅對病床需求構成壓力，更佔用了普通的病床包括內科、外科及婦產科等的病床。[108]

　　由是，建議將香港的醫療服務劃分四個區域，各區設有一所急症醫院：港島區為瑪麗醫院、九龍西為廣華醫院、九龍東和新界東為伊利沙伯醫院、新界西為瑪嘉烈醫院。各區的醫療衛生服務分為四層：即區域醫院（Regional Hospital）、地區醫院（District

103　Hong Kong Government, *Hong Kong Annual Departmental Report by the Director of Medical and Health Services P. H. Teng, C.M.G., O.B.E., J.P., M.B., B.S., D.P.H. for the Financial Year 1967-68*, pp. 1, 4.

104　Hong Kong Government, *Hong Kong Annual Departmental Report by the Director of Medical and Health Services G. H. Choa , J.P., M.D. (H.K.); F.R.C.P. (Lond.); D.T.M. & H. (Liv.) for the Financial Year 1972-73*, p. 12.

105　Hong Kong Government, *Hong Kong Annual Departmental Report by the Director of Medical and Health Services P. H. Teng, C.M.G., O.B.E., J.P., M.B., B.S., D.P.H. for the Financial Year 1967-68*, pp. 17-18.

106　Hong Kong, Legislative Council, *The Further Development of Medical and Health Services in Hong Kong, July, 1974* (Hong Kong: Government Printer, 1974), p. vi.

107　同上，頁 2-3。

108　同上，頁 4。

Hospital）、專科診所或分科診所（Specialist Clinics or Polyclinics）和普通科診所（General Clinics）。區域醫院是區內主要的急症醫院，擁有最先進的醫療設備，為區內患者提供高層次的專科治療。[109] 而廣華醫院因提升為區域醫院，需成立臨床病理部、發展物理治療、醫療社工服務、建立職業治療部和增加 40 張骨科病床等。[110]

廣華醫院自重建後，繼續肩負九龍區的醫療責任。1970 年，港府對東華三院的資助達 34,891,431 元。廣華醫院的急症部門，本是分擔伊利沙伯醫院的急症個案，主要處理窩打老道至荔枝角道的意外緊急個案。但大量病人由九龍和新界區診所轉介到醫院，所以廣華醫院要處理的個案來自周邊地區。同時，醫院與不同的部門合作，例如警察處理醫院有關法醫個案；勞工署的工業護士則處理工業意外；消防署提供救護工作。而且，面對香港嬰兒潮，廣華醫院每日有大量的婦產個案，如 1970 年，廣華醫院婦產個案為 19,214 宗；而伊利沙伯醫院婦產個案 13,841 宗。九龍區的婦產個案總共 58,119 宗，12,122 宗為私人留產所。[111] 由是可見，九龍區約三分一的婦產個案，均由廣華醫院負責。

雖然廣華醫院的醫療工作繁多，但醫院不斷精益求精，拓展更先進的醫療專科，以提高治療的效率。早在 1971 年，醫務衛生署署長蔡永業建議廣華醫院興建病理檢驗大廈，改善化驗分析的質素和速度，從而提升醫院的治療能力。但因經費問題，病理檢驗大廈的興建工程遲至 1978 年才展開，至 1981 年竣工。大樓樓高 11 層。醫療中心置有最先進的儀器和醫療設備，提供多項服務，包括組織病理檢驗、物理化學檢驗、各種抗體檢驗和寄生物化驗等。醫療中心更設有

---

109 同上，頁 8-9。

110 同上，頁 11-12。

111 Hong Kong Government, *Hong Kong Annual Departmental Report by the Director of Medical and Health Services for the Financial Year 1970-71.*

不同的專科治療，包括職業治療和物理治療等，這反映廣華醫院與時並進，不斷提升醫療服務。[112] 其後，廣華醫院陸續增設不同的專科部門，例如老人科、牙科、兒科深切治療部、腦外科深切治療部和神經內外科系統中心等，以提供更專門的治療護理服務，有效善用醫療的資源，給予患者針對性的治療。[113]

表 2.4：東華三院護士學校畢業生人數（1982 年 -2002 年）[114]

畢業年份	登記護士	註冊護士	助產士
1982-83	49	134	75
1983-84	69	140	74
1984-85	85	104	64
1985-86	100	126	58
1986-87	35	141	50
1987-88	84	129	50
1988-89	83	87	30
1989-90	50	134	59
1990-91	80	108	50
1991-92	31	86	45
1992-93	67	105	50
1993-94	98	150	47
1994-95	61	135	37
1995-96	94	140	46
1996-97	62	104	33
1997-98	43	146	23
1998-99	49	104	23
1999-2000	82	118	--
2000-01	缺數據	缺數據	缺數據
2001-02	81	170	3

112　劉智鵬：《善道同行──東華三院一百五十周年史略》，頁 120-121。
113　同上，頁 121。
114　畢業生人數整理自東華三院護士學校畢業特刊，年份由 1982 年至 2002 年。

　　因應醫療的進步，對護理的需求更趨專門化，護士的角色不僅是照顧病患在醫院的起居飲食，更需配合醫生的治療，為病患提供適切的護理。護士教育亦趨向護理專業化的發展，1983 年廣華醫院護士學校護士訓練課程作出調整，包括以啟發學期取代初級訓練制度。護士學生需修讀四個學期的理論課，每課十週，完成每個學期後將獲安排往病房實習。在學期間，護士學生亦須修讀四個專科，每個專科學習為期兩週。[115] 1986 年，根據護士管理委員會的指引，修改了修讀三年後的考試模式，以臨床評核代替實習室考試，保證臨床護理水平。考生須通過三項評核：「給口服藥物」、「無菌技術」和「整全護理」。另在 1989 年，成立臨床評核部門，以配合醫護界對護理需求的調整。[116]

　　同時，廣華醫院亦為在職護士提供培訓，以迎合護理服務的專門化發展，為病人提供更貼心和適切的幫助。這些課程包括：「心理社群護理督導工作坊」、「協助面對痛失親屬工作坊」、「協助面對痛失親屬工作坊（初級班）」、「協助病人和家屬面對危機課程（高級班）」、「急救訓練工作坊」、「疼痛處理證書課程」、「健康評估工作坊」、「處理困難個案治療性溝通課程（護理經理）」、「報告撰寫工作坊」、「寧養護理課程」、「燒傷、燙傷及整形護理講座」和「護士溝通及輔導技巧訓練課程」等等，在職護士踴躍報讀，展示護理團隊追求卓越的理想。[117]

115　劉智鵬：《善道同行──東華三院一百五十周年史略》，頁 127。
116　同上，頁 127-128。
117　東華三院：《東華三院護士學校畢業特刊》，年份由 1994 年至 2002 年。

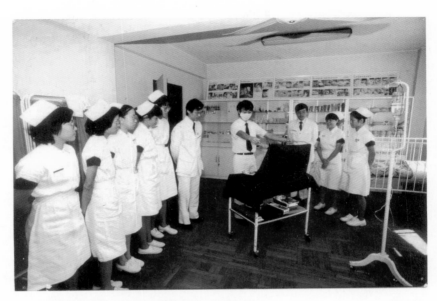

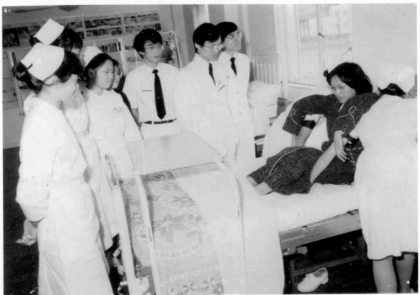

1980 年代廣華醫院護士學生上課情況

五、小結

　　隨着時代轉變和社會進步，護士成為女性的專門行業。從廣華醫院護士學校的招生，可以發現愈來愈多女性投入護理行業。護士成為中學畢業女生的理想出路，因為護士的收入穩定，培訓時已有收入，更有良好的職業和培訓前景。然而，補助醫院與政府醫院的護士資格雖同樣獲得認可，但政府護士的薪酬卻高於三院護士 15%。例如在底薪方面，政府護士有 580 元，但三院護士為 480 元，由是三院護士要求調整薪酬，並獲董事局支持。1965 年，三院的醫生和護士獲得與公務員同等的 12.5% 薪酬加幅，然而實際薪金仍與政府醫護相差 5%，所以整體薪酬仍低於政府醫護。[118]

　　另外，男女同工同酬，亦成為香港職業女性爭取的目標。最初緣於政府醫院的女醫生爭取男女同工同酬，港府於 1969 年 11 月 1 日批准其請求。然而，已婚女醫生的待遇，又與未婚女醫生待遇不同，例如已婚女醫生的聘任按月為基礎，因而不能申請恩俸、年假或有薪產假等，所以已婚女醫生仍繼續爭取平等的待遇。港府於 1970 年宣佈分期實行公務員男女同工同酬，女性公務員將於 1975 年 4 月前獲得與男性公務員同等薪酬，但計劃不包括女護士。這一決定引起各醫院的女護士反對，由是發起簽名運動爭取應有的權益，三院護士和看護生亦踴躍參與。[119]

　　三院護士不僅爭取男女同工同酬，亦要求補助醫院與政府醫院薪酬一致，於是三院發展為「雙線爭取」。例如在看護生的待遇方面，政府醫院的看護生薪酬為 390 元，但補助醫院看護生為 230 元。三院護士向衛生福利局和東華五所醫院的院長提出要求，更在各醫院張貼有關標語，表達訴求。直至 1971 年，港府正面回應男女同工同酬，但有關政府和補助醫院的薪金差距仍未定案。三院護士繼續積極

118　劉智鵬：《善道同行——東華三院一百五十周年史略》，頁 130-131。
119　同上，頁 131。

爭取，並獲得東華醫生協會的聲援，支持護士的訴求。1972 年 6 月，政府宣佈接納同工同酬的申請，立法局亦批准撥出調整薪酬後的額外款項，而有關的薪酬將追溯至同年 4 月 1 日。由是東華三院的醫護員工，其薪酬與政府醫院相同，這不僅是對其專業醫學和護理資格的認可，亦是肯定他們對香港醫療的貢獻。[120]

　　1985 年，港府發表《關於醫院提供的醫療服務報告書》（*Report on the Delivery of Medical Services in Hospitals*，即《司葛報告》[*The Scott Report*]），以善用和重新分配香港已有的醫療資源。[121] 由是，港府成立獨立的醫院管理局（Hospital Authority），以統籌和整合全港的醫院，以及所有醫護員工的薪酬待遇。[122] 1991 年，東華三院讓屬下五間醫院加入醫院管理局，東華三院護士學校改名「廣華醫院護士學校」。1999 年，醫院管理局決定暫停全港護士學校的收生，廣華醫院護士學校亦於 2002 年最後一屆護士學生畢業後正式結束。[123]

120　同上，頁 132。

121　W. D. Scott and Company, *Report on the Delivery of Medical Services in Hospitals* (Hong Kong: Government Printer, 1986), Chapter 1, p. 2.

122　同上，Chapter 4, p. 2.

123　劉智鵬：《善道同行——東華三院一百五十周年史略》，頁 129。

乙篇

口述歷史之視角

OPENING CEREMONY OF THE NURSES PRELIMINARY TRAINING SCHOOL
NEW KWONG WAH HOSPITAL
PERFORMED BY
DR. THE HON. D. J. M. MACKENZIE, C. M. G., O. B. E.
DIRECTOR OF MEDICAL & HEALTH SERVICES

第三章

春風化雨：
護士的教與育

整理：馬少萍

最後一任校長

張國安　前廣華醫院護士學校校長（1997-2002）

訪談日期	2021 年 7 月 26 日
訪談學生	黃小蓉、黎儀／香港浸會大學 石信一、呂嘉澤／何明華會督銀禧中學

　　張國安校長在 2002 年 5 月 31 日主持廣華醫院護士學校最後一屆畢業禮時，看着這所有 80 年歷史的學校在自己任內結束，感觸良多。作為舊生，畢業後一直在廣華醫院病房工作，再回母校服務了12 年；從教師升至校長，是學校第一位，也是最後一位男校長，見證了護理教育模式的轉變，並曾為護校邁向學位化作出努力，只是每個時代有它自己的步伐。他感謝全體師生的努力，讓學校在最後的歲月也充滿着朝氣，雖無緣「開來」，但亦能「繼往」，讓一向亮麗的校外成績成為美好的印記，陶鑄在歷史中。

「男姑娘」

　　張國安 1978 年考進廣華醫院護士學校，是全班僅有的兩名男生之一。當時男護士的人數不多，公眾人士也不知道應該怎樣稱呼他們，甚至會直喚他們為「男姑娘」。他說男生作為少數人士，在飯堂吃飯確有優待，可分配到較多的份量，「因為男士食量比較大啊」。

　　香港的護理教育，最初是以醫院為基礎，採學徒制培訓，護士學生除了在教室上課外，還要在病房跟隨師兄師姐學習臨床護理工作。廣華醫院是補助醫院，受資源所限，「當時在病房的護士職員不多，一般的臨床工作就由高班同學分配給低班同學，大家一起夥拍做」。

　　作為低年級生，被高年級師姐稱為「Lows」（意為 Lower　Class）

張校長與其啟蒙老師李玉慈高級護士教師合照

的張國安，每次出更都會比高年級師姐提早到病房預備，如探熱、協
助有需要的病人清潔口腔等。遇上問題時，高班生會指導低班生，甚
至和他們一起做，「團隊合作精神十分強」。在這樣的氛圍下成長，
到張國安自己成為高班生時，也「學會了如何分配工作，如何有自信
地帶領低班同學」。

<h2 style="text-align:center">將理念傳承下去</h2>

　　畢業後在病房工作了數年，張國安說他很有滿足感；後來有機會
讓他攻讀心臟專科護理，就更大開眼界。然而，他經常想：除了照顧
病人外，自己可以怎樣影響更多人？每憶及當年曾在護士學校啟發過
他的老師，張國安也希望自己能像他們一樣，「把自己的理念、感受
和經驗傳給下一代」。於是他在 1987 年向廣華醫院申請攻讀香港理
工學院（1994 年正名為「香港理工大學」）主辦的兩年全日制「護理
學教育專修文憑」，最後成功獲批。1989 年畢業後，張國安先回病房
服務了一段短時間，然後才走進廣華醫院護士學校的教室去。

專業培訓步向學位化

　　隨着社會環境的轉變，護理教育界開始思索該如何配合。1990
年代香港至少有六間正規大學成立，1994 年的香港教育學院（2016
年正名為「香港教育大學」）就是由五間師範學院合併而成。張國安
說，老師的培訓亦已步向學位化，那麼仍以醫院為基礎，採學徒制培
訓的香港護理教育，是否能面對時代的挑戰？「我們委實需要改變，
要給同學裝備更多知識，培養他們客觀的、嚴謹的思辨與分析能力」。

　　護士學校遂在基本護理課程上開始改革，要求學生在執行護理
前，須先評估病人情況，「因應病人的情況設計護理計劃」，因每名
病人都有其獨特的情況和需要，即或承受痛楚的程度也有不同。學生
不能只以強記方式去學習，要培養出「相對具批判性的獨立思維，設
計護理方案時須以個別病人為本」。

2002 年張校長與第 119 屆護士學生於東華三院文物館（昔日廣華醫院大堂）前合照，
右一為廣華醫院行政總監陸志聰醫生。

另一方面，雖然護士的培訓依然是以三年為期，但學習的時數已由 1970 年代的 35 週，增至 1990 年代的 51 週，即上課時數多了，到病房工作的時間縮短了，課程範圍擴闊了，增設了人際關係、領導能力、團隊合作等科目，亦讓學生參與社區健康推廣工作，如舉辦健康教育活動等。

與大學合作告吹

1997 年張國安升任校長，他說契機是九七移民潮。「因為九七的緣故，有不少資深的同事離港，如果論資排輩，升職是輪不到我的」。升任校長後，他最忙的工作是跟其他護士學校的校長開會，跟各大專院校討論合作的可能，商討護理教育課程該如何應對時局。

1999 年廣華醫院護士學校與香港公開大學商討合辦護理學位課程，在討論進行得如火如荼之際，忽然接獲醫院管理局通知，其屬下的所有護士學校須於該年度的 9 月份停止收生。

事情轉變來得太快，張國安為此失落了好一會；當然，之後還得收拾心情面對現實。他感謝時任醫院行政總監陸志聰醫生和護理總經理馮玉娟女士，透過部門人事調動，安排護士學校的教職員調回醫院的其他部門繼續服務。至於學生方面，他期望「最後一屆同學千萬不要不合格」；結果全體同學都不負校長所望，順利畢業，不少更取得優異和良好成績。醫院管理局亦於 2001 年正式宣佈，所有護士學校在完成訓練餘下學生後，全部關閉，培訓護士的工作遂交由大學負責。

起伏的心路歷程

張國安表示，加入護理行業，他也走過起起伏伏的心路歷程。他不諱言最初入行的時候是抱着「騎牛搵馬」的心態，自己公開試的成績中等，進入護士學校，既可讀書，也有薪俸，還有宿舍和三餐供應，確實是不錯的選擇。天曉得，入了這行後，才發覺工作原來很忙

2002 年 5 月 31 日張校長主持廣華醫院護士學校最後一屆畢業典禮

　　碌，壓力也很大；當時更有病人喚他作「哨牙仔」、「四眼仔」，令他很難接受，很想退學。

　　直到某天他在北座三樓兒科病房工作時，這念頭才給打消。當時他正在餵哺，突然有位狀甚無助的家長，敲玻璃屏障示意請他出來幫忙，他便馬上出來給她解困。只是舉手之勞，但已令那家長展顏一笑，整個人鬆弛了下來。張國安被當時這樣的一個情景敲醒了：「護理工作就是與困苦人同行，給他們適時的支援，這已令每天的人生增添意義啊！」

不卑不亢的工作態度

　　張國安當年受訓時，老師時常強調護士須「按醫囑」，即是按醫生所說的去做。然而，當他成為教師後，認為時代已不同，做每件事都需要講理據，所以他向學生強調護士要以不卑不亢的態度工作，凡事思考，要按理而行。他愛舉以下的一個例子：有一次，病人情況嚴重，醫生檢查後開藥，張國安卻發現醫生所處方的劑量，比平時不尋

常，看似是手民之誤多寫了一個零，即多了十倍。作為護士的他，該否「按醫囑」，十足聽話？最後他決定致電給醫生，有禮貌地提出他的疑問。醫生這時也發現了自己的錯失，感謝他的提醒。他鼓勵同學抱求真的態度，遇到不明白的事便要問個明白。「有問題便必須找答案，在尋索答案的過程往往能進一步幫助病人，亦能增進自己的專業知識」。

護士學校完成歷史使命後，張國安調往廣華醫院的中央護理部，後來再調到九龍西聯網的家庭醫學部，於 2018 年退休。

問及他這幾十年來的工作，可給他人生帶來什麼改變時，張國安笑說：「就是一般能於 15 分鐘內吃好飯，甚或 5 分鐘也成呢！分秒必爭啊，病房太多工作等着做呢！即或現在已退休，這習慣仍改不掉。看來，我要好好學習慢活、慢吃！」

我對護理教育的抱負

李淑芳　前廣華醫院護士學校校長（1993-1997）

訪談日期	2021 年 7 月 20 日
訪談學生	黃小蓉、黎儀 / 香港浸會大學 任睿琪、王綽瑩、徐慧雅 / 協恩中學

　　1993 年接任廣華醫院護士學校校長一職的李淑芳老師，在五年任期內致力提升護理教育，更一度提出由護士學校自己發展學位課程，回應社會所需，只是大志未竟便要退下來。不過由 1969 年任教至 1997 年退休這 28 年護理教育生涯中，她培育了一代又一代的註冊護士和註冊助產士，一方面外界給予正面的評價，「我們的護士質素和聲譽是很好的」，另一方面學生們的尊師重道和關懷態度，數十年不變，亦使她感到欣慰和很有工作滿足感。

老師給她深刻印象

　　當年東華三院轄下有三間護士學校，包括廣華醫院、東華醫院和東華東院，由於李淑芳居於港島東區，所以參加完統一招考成功後，便獲選派往東華東院護士學校接受訓練。及後東華醫院和東華東院在 1967 年停辦學校，培訓工作遂集中於廣華醫院護士學校直至2002 年。

　　1956 年 10 月，李淑芳第一天入學拿着行李時，一名護士教師走過來幫她拖行李箱進去，「這個畫面讓我留下非常深刻的印象」，深感老師對學生的愛惜；另一方面，家人對她年紀小小便要入住宿舍則不太捨得，要待她每月有兩天假期，才可寫信向護士長申請回家住宿兩天。

1972 年李校長到墨爾本一產科醫院附屬產科學校作教學實習

東華三院「施棺贈殮」服務

畢業後李淑芳繼續在東華東院病房工作，曾被派到不同部門。印象最深刻的是 1966 年，當時她正在急症室工作，港島區因暴雨導致發生多處山泥傾瀉，有一位被掩埋的男士被救出送進醫院時，「全身都被沙泥覆蓋，我要撥開來看」，才知道是一位外籍男士，只是已經沒有呼吸了，「直至現在我還記得他的樣子」。

除了接收緊急事故的人士外，不時還有些已經身故的亡者被推進急症室來，目的是希望由該院醫生確認死亡及簽發死亡證明書以領取死亡證，同時間亦可以得到東華三院的「施棺贈殮」免費殯葬服務；這時，「通常醫生都不會立即到場看的，那些遺體會被推到殮房，直到有另一個個案時，醫生才會前來一併處理，我都要陪同醫生進入殮房進行檢查及確認死亡工作」。這種借東華三院殮房擺放遺體的舉動，又稱為「借殮」，面對此等情景，她都感到有些緊張。

獲推薦接受師資培訓

李淑芳當年的學業成績很好，在東華東院工作九年後，因有多年的病房工作經驗，加上獲得上司的稱許，時任總護士長有意調她到廣華醫院護士學校任教。就這樣，她被派到葛量洪師範學院，修讀師資培訓課程。這是香港第一個本地護士教師課程，修畢後獲香港護士局簽發證書。1969 年 12 月，她便開始在廣華護士學校任教註冊護士訓練課程的普通科護理。

在此期間，她獲東華三院保送往澳洲護理學院（College of Nursing）修讀護理教育並於 1972 年考獲護理教育文憑，三年後獲頒 Fellow of the College of Nursing, Australia 證書。其後李淑芳繼續進修，先後獲澳洲樂桌博大學（La Trobe University）頒發護理學士學位文憑及英國李斯特大學（Leicester University）行政管理文憑。

走出課室臨床實習

除了教授普通科護理外，她亦負責註冊助產士的訓練。起初，她在課堂上會借助一些生理解剖的器材，如人體結構、骨盤、嬰兒結構等模型，在實習室教授接生操作技巧，但後來她發覺這些教具不足

李校長利用各種生理解剖器材教授學生接生技巧

以讓學生明白真實的情況，於是在後期決定帶學生臨床實習。

李淑芳先將學生分組，然後帶她們到醫院，教學生如何為做產前檢查的孕婦進行腹部檢查；又與產房的主管聯絡，待孕婦分娩時通知她，由她向學生示範如何接生，「這總比口頭教學好，因為實際的情況時常不同，接產程序是根據情況隨時改變的」，透過示範接產的技巧、技術，以及嬰兒出生後的處理，讓學生可以即場觀摩，「她們都覺得十分有用」。

產後的情況同樣需要看重，她會臨床教導學生如何以正確的姿勢來餵哺嬰兒，如何照顧產後的婦人等。除了理論與實踐並重外，她亦經常在教授某些知識時，列舉相應的臨床病例作進一步講解，有畢業後的學生反映「這樣印象很深，不用怎樣讀書」。

難忘接產經歷

提起產婦，李淑芳在東華東院產科工作時，因為醫院鄰近銅鑼灣和筲箕灣，住了不少水上人，當中有一個難忘經歷，就是曾經為一個水上人的孕婦接生，「她當時是生第 14 胎！」那位女士告訴她因為要出海捕魚，希望有多些子女幫忙，那麼「不用再請其他伙記，我們自己全家人搞掂」。

李淑芳亦曾隨健康院護士探訪已出院的產婦，了解和指導她們照顧初生嬰兒的餵哺、沐浴技巧和產後的自我照顧。有次探訪一戶住在板間房的人家，房中置有一張木板大床，供一家六口同睡，生活相當清貧。她發覺床下竟放了一大煲熱烘烘的白粥和一大鍋油條，原來是夫妻兩人準備翌日清晨擺檔售賣，她遂提醒二人這樣有一定風險，要注意各年幼子女的安全，免生意外。

接任校長提升師生水平

1993 年李淑芳升任為高級護士長（教育），統領護士學校和產科學校，實際上是擔任校長。護士學校由創校開始都沒有「校長」職

1997 年護士學校全人為李校長（第一排正中）舉辦榮休歡送會

稱，及至 1995 年醫院管理局決定將全港護士學校主管正命為護士學校校長後，才將職銜正名為廣華醫院護士學校校長。

　　當時她希望護理教育能進一步發展，提升學生的經驗、觀察力和照顧病人的能力，決心培育護士要以病人為中心的理念。同時，她不希望學生「上理論課時在護士學校，工作時候就在病房，只有這兩方面」，於是由教師們帶着學生到社區中心舉行健康講座，又分組負責工作坊，向長者推廣一般慢性病和跟他們相關的知識。另由教師每年分組帶領各班學生出外往「渡假營」住宿和參與各項郊外活動，享受大自然氣息，舒展身心。

　　除了關注學生外，她亦希望提升教師的資歷，於是撥出預算鼓勵進修，如報讀碩士課程，又或是在自己所教的科目中有更深入研究的專科課程。為了拉近理論與實踐的距離，1996 年推出臨床更新計劃，讓教師每年往病房兩星期了解現況，「如他是教腦科的，就會到腦科病房工作，去觀摩和熟習病例」，從而更新對臨床實務的認識，並將最新病例應用在課堂上，提高學生的學習興趣。她為此召開多次會議收集意見，並獲教師的正面迴響。

對關閉護士學校有感

隨着時代的轉變，李淑芳察覺護士學校亦要提升護理教育專業程度。大約在她退休前幾個月，她向醫院管理局提議在護士學校先辦一個護理高級文憑課程，之後進一步計劃學位課程，「好處就是除了理論，還可以到病房實習」，一邊學習，一邊工作，互相配合，「更能達到理論與實踐一致的效果」，經多次會議商討後，還沒等到答覆，她就要退下來了。

後來醫院管理局宣佈關閉所有護士學校，直接由大學辦理護理學位課程，那時她即感到「如果沒有我們廣華醫院護士學校每年提供 300 多名畢業護士，將來一定會有護士短缺」，今天她接受訪問時說：「看，現在問題真的出現了。」

李淑芳回憶道，當年任校長時便曾接到私立醫院院長電話，問她可否給他們幾個剛畢業的護士到他們醫院工作，「因為你們訓練出來的護士觀察力強，而且操作技巧非常純熟」，以此印證由廣華醫院護士學校訓練出來的護士是很受推崇的。

「這幾十年的護理教育生涯，我有工作上的滿足感，並一直奮鬥下去，以至成為一個部門的領導人，我其實一直想將廣華醫院護士學校的護理教育程度和標準再繼續提升，只是時間不允許。」李淑芳笑道。

做到加零一是份內事

徐健強　前廣華醫院護士學校護士教師

訪談日期	2021 年 8 月 11 日
訪談學生	唐品恆、蘇盈匡 / 香港浸會大學 陸昊程、黃曉程 / 何明華會督銀禧中學

　　從 1981 年入讀護士學校到 2011 年退休，徐健強 30 年的護理生涯可以分為三個階段：最初於 1980 年代學習，然後在 1990 年代教學，及至千禧年回歸病房工作。他說自己沒有特別值得標榜的，「這30 年來只是完成了我的份內事」，而他口中的份內事，就是每一樣都「做到加零一」而已。

男護士學生佔百分之十

　　徐健強原先在電話公司任文員，卻發覺自己不太喜歡朝九晚五的工作，反而想從事可以服務人群的工作，看到廣華醫院護士學校在報章的招聘廣告，就申請了。

　　由於醫院沒有足夠的男病房供實習，所以護士學校收生時不能多取錄男性，一般約佔整體比例 10%；徐健強就讀的班別約 38 人，男生只有 4 位，十分稀有。護士工作一直以女性為主，徐健強承認那時的確有些高級女同事對男生比較寬容，但這不等於他們會偷懶，因為相比當時的女性，可供男性選擇的工作較多，「某程度上你有心做才會進來」，所以他相信「所有的男護士學生，都交足貨」。

　　剛就讀護士學校時，醫院資源不足，「那些針筒針嘴都要重用，手套也會重用」。病人見他年輕就叫他做「阿哥」，後來因為聽到男護士互相稱呼為阿 Sir，也跟着這樣叫了。那時還流行一個稱呼，叫 "dresser"，即是換敷料（dressing）、處理傷口的人士，「那個時候不

1981 年徐老師（第一排左一）與護士學校老師及同學合照

知為什麼總是男士去做」；而且「體力勞動多的一定找你」，徐健強覺得沒所謂，說那個年代人人都是要捱的。

轉換工作跑道

畢業後他主要在外科病房工作，1989 年在理工學院讀了一個兩年的護理教育文憑，之後就轉到廣華醫院護士學校教書。談及轉換工作環境的原因，其一是因為他發覺自己喜歡教書，「做教師在一定程度上要有天分，不能怯場，在台上說話『窒下窒下』是不行的」；另外一個原因就很現實，「因為當護士教師，薪金會升至另一個薪酬階梯」，那是要有約 15 年臨床工作的資歷才能晉升到的位置。

十年後重返教室，「硬件上沒有轉變」，大抵是受制於廣華醫院的有限空間，課室和實習室仍是那個模樣；而當年教他的老師只餘下三位，其他都是在他離開後的十年之間加入的。課程上，十年前後則有所不同，「以前我們是實習多，讀書少」，現在則加長了上理論課的時間，又增加了人文學科。

病人身心皆要照顧

他最先教低年級生心理學、社會學等，之後再教高年級以疾病為基礎的內容，如心血管系統、眼科、泌尿科、精神科等。並透過工作坊、遊戲等不同教學方法，讓學生體驗一下作為病人的感受，從而明白他們心理所需。

徐健強說其實早在他的學生時期，老師也教導他們「不只是身體上要照顧病人，在心理上也要照顧」，但只有這幾句說話，「如何了解一個人？如何在心理上照顧他？在我做學生時的課程是沒有講授的」。到他任教時，在緊迫的課程中，他嘗試擠壓一些時間，透過戲劇的元素，讓學生從另一個方法詮釋一個人的成長，以及了解其行為背後的因素，從而可以更實質地體會到老師所講的「你要善待病人」。

事實上他在理工學院讀書的兩年間，所學全是關於教學方法論、心理學、社會學、倫理、法律等，並沒有實際病例的護理操作，似乎是要彌補和加強護士學生在全人照顧方面的認識。

孰好孰壞難定奪

2001 年醫院管理局宣佈由大學培訓護理專才並關閉所有護士學校，徐健強被調往急症室，並於 2005 年升為急症室病房經理。對於護理教育的轉變，他認為是好的，「以前我們是填鴨式多一點，大部分都是順從一些」；他相信「大學的理論基礎較好」，而且大學的校園生活讓學生對外的接觸面更多，「所以學生會較堅定自信」，但「缺點就是實習能力較弱」，不過他說最後還是看個性能否適合和是否受教，相對以前的護士學生，「畢業後要給他們半年的時間，他們就能跟上」。

他亦提到大學生活讓學生成長，但接觸病人的時數也會減少，「而接觸病人也會令人成長，我們就是這樣成長過來的」，他相信「兩者皆有效，只不過要顧及系統能否配合」，因為大學與醫院是兩個不同的機構，學生既要在大學上課，亦要到醫院實習，兩者要配合，不

同於以前護士學校與醫院是同一機構，聯繫上會較好。

　　只是過往在同一機構下讀書和工作而培養出的關係，亦隨着時間而慢慢消退，徐健強覺得是有些可惜的。「大家都在同一座護士宿舍出入，畢業後亦在東華三院這幾間醫院工作」，縱使不同屆數、不同年紀，也可以談天說地。有些在公立醫院做護士的同行告訴他，如病房之間的關係不好，是不會相互借儀器給對方的。

教學與臨床不脫節

　　從教室走回前線，徐健強說並不陌生，因為他們除教書外，每個學期都有不少時數要到病房，觀察學生做事，「看到病房有任何新事物我也會問」，並將它加入課程中；而且醫生也會定期到護士學校向學生講解一些新的知識，教師也能在旁一併吸收，「有時候教師甚至會重複說明，加深學生的記憶」。

　　但他也承認教學與臨床存有差距，就是前者會把所有事情做得十分完美和仔細，「而在臨床工作時做事要快、靚、正」，終究有分

1992 年徐老師參加護士學校聖誕聯歡會，身後是第 99 屆護士學生為他繪畫的漫畫。

別，但都是做相同的事情，都不能犯某些錯；至於病房會有推陳出新的儀器和裝備，徐健強說護理過程其實沒分別，「病也是那些病，我也是那樣照顧他，不過照顧的時候多了一些新的儀器」。

急症室護士不易當

說回急症室。急症室隸屬外科，男護士相對多一點，因為「要應付一些病人，有男性在場會好點」。所謂「應付」是因應不同年代的需要，「在油麻地區，在我當學生的年代，最多個案是斬人」，但到了千禧年已經有變，急症室要處理的，除了緊急病人，還有因分流而感到不耐煩的求診人士。

所謂分流是指護士按病人情況的輕重緩急而決定治理的先後次序，共分為五類：危殆、危急、緊急、次緊急和非緊急，危殆需要立刻見醫生，危急是等 15 分鐘，不過徐健強說真正實行起來時，「這兩個分類我們都會直接推進急救房，一按鈴醫生就會進去」；至於緊急的等 30 分鐘；次緊急和非緊急的分別是 4 小時以上和 6 小時以上，但由於工作量大，第四、五類等候時間往往超出很多，導致病人時有怨言，甚至惡言相向。

急症室要反應快，又要忍受壓力，「人人都催你」，所以徐健強認為急症室護士需要自信和果斷一些，否則會做得很辛苦。

徐健強經常目睹病人苦況，亦坦言等候時間太長，只是「我在我的位置上沒辦法令等候時間縮短」，急症室在以威脅生命為標準的前提下，「我們最重要是先救了他的命，讓他有脈搏、有呼吸」，盡力在很短時間內救治病人的生命，至於那些不在緊急類別而要等十多小時的，他無法處理，所以有時會覺得在前線工作「沒有教學那麼大滿足感」。

不過總結過去，他說常常教導同事懷着感恩的心工作，無論處於哪個位置，都要用心去做。

終生學習的行業

布燕珍　前廣華醫院護士學校高級護士教師

訪談日期	2021 年 7 月 14 日
訪談學生	夏鎵烯、林曉俊 / 香港浸會大學 陳啟康、蔡傲霆 / 何明華會督銀禧中學

　　布燕珍坦言最初是「因為環境經濟而進入這一行」，畢業後在東華三院轄下幾間醫院工作，想到要留在這條軌道上發展，就要加強進修，特別是從臨床轉至教學後，她亦從文憑修讀至學士再到碩士課程，並表示「在這行業裡經常要思考」，在護士學校結束後，最終亦選擇在專上學院繼續傳道授業。

東華三院信譽高

　　1973 年中學畢業後因為成績一般，知道報考大學無望，家庭環境亦難以支持她出國留學，布燕珍乾脆報考師範，可也考不上，家人便叫她轉報考護士。那時看到「在醫院訓練的護士每個月有薪水」也挺不錯，而在一眾護士學校中，想到政府醫院對英文的要求較高，私立醫院則「看你的樣貌美麗與否，才選擇會否取錄你」，而屬補助的東華三院有五間醫院，發展的方向應該更多，且「聲譽比較可信，家人也放心讓我入讀要寄宿的護士學校」，便申請入讀。

　　通過筆試後，她到上環東華醫院的大禮堂面試，只見會場十分擠擁，「有百多人在那裡等候」。面試內容如今早已忘記了，只記得要量度身高和體重，由於自己身形較纖小，怕失去資格，她於是使計，「掂起腳少少便剛剛達到入學身高標準」，終被錄取。

宿舍講求紀律

第一天到學校報到，學生齊集在廣華醫院飯堂，由舍監分配宿位並說明規矩，「除了上班和上課外，出外留宿必須申請，要簽字給舍監；晚上不能超過 12 點回宿舍」，即使布燕珍的家離醫院很近，位於碧街的尾端，也不能擅自回家。

但她很快便適應護士學校的生活，日子在教室上課和醫院實習之間交替進行，最初領取每月 290 元的工資，扣除住宿加三餐的 80 元，約有 200 元進自己口袋。後來在東華三院護士爭取同工同酬後，與政府護士學校看齊，工資增加至約 400 多元。

那時午更下班差不多是晚上 11 時，她和同學會到登打士街一檔叫「二叔」的粥店宵夜，那其實是手推車的流動小販。她記得「當時登打士街有很多棺材店」，那是因為東華三院於 1971 年將廣華醫院內位於登打士街的殯儀廳改建為「油麻地殯儀館」，但聽說由於政府撥地給東華三院另建永久殯儀館，故於 1977 年結束服務。

布老師（第二排左五）是護士學校第 45 屆畢業生，圖為 1976 年 2 月與同屆畢業生合照。

畢業後布燕珍亦繼續修讀助產士課程，1970 年代的生育率高，護士學校亦鼓勵同學修讀。其後，她被派到東華三院黃大仙護養院工作，那差不多是每個畢業生都會去的地方，因為那裡來去都是同一批病人，能學的東西不會太多，工作太久或會影響將來的晉升，為了公平起見，醫院就派畢業生輪流去做；一年多後她再調至東華醫院及東華三院大口環護養院工作。

考試改為臨床評核

1986 年，布燕珍迎來她工作上一個新開始，就是轉到廣華醫院護士學校任教。原來她一直覺得自己在學術方面底子差，畢業後報讀不少短期課程，某次醫院出通告，資助同事修讀理工學院的護理教育文憑課程，為期兩年，完成後就會去護士學校當老師，她報名後獲取錄。

相隔十年重返護士學校，她發覺人手比例增加了，課程的時間也多了，還有就是考試制度的改變。在她讀書的時代，是在學校的實習室考試，以人偶作護理對象，到她做教師時已改為臨床評核，學生要到病房考護理程序、派送藥物、清洗傷口等，「要面對真正的病人考試」，不過病人很多時都十分合作，在考官面前不斷稱讚護士學生的表現。

學位化是大趨勢

在護士學校任教七年後，布燕珍去了加拿大進修，並取得英屬哥倫比亞大學（University of British Columbia）的學士學位，1996 年完成學業後，她重返廣華護士學校任教。

2002 年醫院管理局關閉所有護士學校，布燕珍起初難免有失落感，但認同大學的五年制較護士學校的三年制優勝，「在學術方面的學習比我們更加廣闊，有更加實際的學習環境」，並能多元化接觸其他學系。她相信這是一個大趨勢，「為了未來護理界的發展，應該所

有護理課程都需要有專上程度」。

　　事實上她自己亦是跟着這個大環境前進，知道要在護理教育界發展，必須要有學歷，「要預備好自己，把學士學位拿下來，再拿下碩士學位」，所以在廣華醫院護士學校完成它的歷史任務後，她被調往中央護理部工作的同時，在 2003 年取得香港大學深造護理學碩士學位。

護士學校只是基本功

　　布燕珍形容護理是一個「不斷前進、需要終生學習」的行業，所以早在教書的時候，她已經告訴學生，護士學校是入行第一個階段，學的是「基本功」，「基本功只是認識一下護理這個職業，知道要學習什麼，以及應付日常的工作」。畢業後踏進第二階段的臨床工作，就是「在真實的環境面對真實的病人」，那時可謂每天都有新狀況，因為「你面對的病人每一個都不同」；即使同一種病，不同的人有不同反應，有些人知道患上癌症時，會哭得呼天搶地；有些人看似十分平靜，沒想到轉頭便可能自殺。所以她告誡學生必須從經驗中學習如何在不同情境照顧病人，亦要向有豐富經驗的前輩討教。

　　她亦以自身經歷勸勉年輕人要接受及適應當下的環境，因為醫院分配工作很多時候都會視乎人手的編配，如她曾在東華醫院內科工作，病房主要是年紀較大的病人，她要學習適應他們的脾氣，然後慢慢理解他們的情況，還主動去報讀一些相關課程，增加自己對老人科的興趣，這一切都不是白費的，最後老人科亦成為她教學的一門。

　　2009 年布燕珍重返教育界，最初在香港中文大學 —— 東華三院社區書院協助開辦副學士課程，其後於東華學院任職講師，教授護理學科。

配合轉變獲得認受

　　從 1970 年代入讀護士學校，到 1980 年代執教至今，布燕珍經歷

1992 年布老師參加護士學校聖誕聯歡會

護理教育如何隨着社會發展而轉變，就像當年她在護士學校「連續幾個星期上堂，朝九晚五，八個小時」，為的是要在三個月內把要學的東西學完，然後到病房實習半年，但今天的教育已不像過往般催谷，可以讓學生享受校園生活。

在教學方面，教師亦不能像以往單憑經驗去教導學生，需要增加科研實證作為理據，這樣「就好像比較客觀，減少主觀性」；在預備試卷時，今天大專院校會邀請外面的機構來評核，作為質素的保證。「我們要跟從社會的改變去發展自己的模式，讓我們在專業方面，得到公眾認受」。

不過，有一點布燕珍不得不認同的，就是現今的學生不像她們年輕時般能「捱苦」，她明白這是社會氣候轉變的使然，但當她聽到有學生在實習時喊叫別人幫忙，心想「你這樣不用上班了」，希望他們重新考慮護理是否一份值得投放心力去堅持的工作；而當她察覺護士學生在抬病人時好像沒力氣，就會鼓勵他們多做運動，「你們叫人要健康一點，但自己卻好像很孱弱，那你怎樣去說服別人？」

以病人為本

袁淑恒　前廣華醫院護士學校高級護士教師

訪談日期	2021 年 8 月 11 日
訪談學生	黃小蓉、黎儀 / 香港浸會大學 崔巧怡、黃梓攸 / 何明華會督銀禧中學

　　「始終還是有興趣當老師」的袁淑恒在踏入護理界的 12 年後，於 1986 年轉戰為護士學校教師，2000 年再調往中央護理部，安排廣華醫院在職護士培訓，以及大學護理系學生在醫院進行實習及臨床評核的事宜。對於護理教育的所見所聞，袁淑恒從 1970 年代當護士學生時說起，再提到 1980、90 年代教學的轉變，及至千禧年的學位化，評價不同時代護士學生的表現。

請吃及第粥的傳統

　　1972 年中學會考放榜後，袁淑恒一位住在東華醫院對面的同學，有天告訴眾人東華三院正招聘護士學生，於是「大家就一窩蜂似的一起去報考」，但她當時「最想做的是成為一位老師」。面試那天，考生擠滿東華醫院大禮堂，人龍排到門外。袁淑恒回想或許跟政府同年宣佈補助醫院與政府醫院實施同工同酬有關，反正薪酬一樣，報考哪一間醫院也是一樣。

　　取錄後原被安排於 1973 年 1 月入學，但在接近開學前，袁淑恒才接獲通知因不足法定年齡不能入學，着她重新投考。於是，直到 1974 年 1 月滿 18 歲後，袁淑恒方可入學，那班大約有 50 人，全是女生。

　　護士學校每三年收八班新生，學生有一個傳統，就是由低一班的護士學生，請高一班將要應考註冊試的護士學生在宿舍吃及第粥，

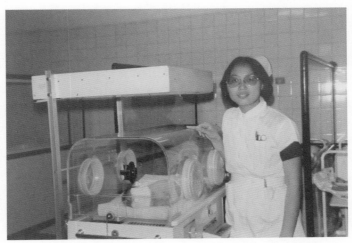

1977 年袁老師在註冊護士訓練課程接近完結時在兒科病房留影

預祝順利畢業。

　　唸完普通科後，1978 年袁淑恒再修讀產科，畢業後被調往東華東院工作約五年。某天醫院出通告推薦護士到理工學院進修護理教育文憑課程，她知道自己符合資格便申請，因為「始終還是有興趣做老師」，修讀兩年後終於當上護士學校教師。

如何鋪床大有學問

　　護士學校三年課程分五個學期，第一及第二學期袁淑恒主要教基本護理、鋪床和急救學等，第三學期教消化系統疾病護理。課堂通常分兩部分，先由醫生講述疾病的內容及治療，若學生不明白她便作補充，之後她再講解關於那些疾病的護理。第四學期她教骨骼系統和眼科；最後第五學期快畢業時她教護理管理。

　　基本護理的教授包括如何鋪床，袁淑恒說：「不要以為鋪床很簡單，其實很多程序的，而且因應病人的不同情況，需要有不同的方法。」剛做完手術的，就要準備手術床，因為在 1970、80 年代病房只有掛在牆上的暖爐，護士會預先放一個暖水袋在被褥裡，給從冰冷

手術室出來的病人使用；打了石膏的，就要鋪石膏床。她說這些都是病人護理的一部分，因為那張床「你鋪得好不好，他睡得舒不舒服，也會影響他的康復」。

至於以疾病為基礎的教學內容，她坦言跟自己在 1970 年代讀書時所學不是相差太遠，因為主要疾病來去都是那些，只是隨着時代變化，某些疾病的患病比率及治療方法有所改變，就像 1970 年代癌症不是那麼普遍，但到了 1990 年代卻激增，致放射治療及化療亦迅速發展；又如眼科，以前病人在醫院做白內障手術非常複雜，要住院一段時間，但現在已經變得很簡單，不需住院，以至護理的程序都有所變更。

學生挑戰老師

教授基本護理的課程時，通常在完成理論課後，她便會到實習室做示範，讓同學知道施行的程序，例如教授插鼻胃管就用人形模型講解及示範如何穿過鼻孔，再過食道到胃。跟自己以前做護士學生

1978 年袁老師（右一）修讀助產士訓練課程時與同學合照

時相比，現在的教學工具已經發展得細緻和精確，袁淑恒笑言自己
1970 年代還是學生時，最初替病人插鼻胃管時「難免靠估」，全靠
高年班的師兄師姐教她們怎樣做，「你在學校聽了理論，和出去病房
做，不同的病人，處理會有些不同」。

　　到她自己當上老師，發覺學生已經不一樣，「比我們那個年代聰
明」，特別是從病房回來再上課時，因為已經有了經驗，在實習室會
挑戰老師所教的程序，袁淑恒倒沒所謂，視之為「教學相長而已」。
她明白病房工作很忙碌，工作量大而人手往往不足，要學生全依照所
有她教的程序執行工作，有時的確有難度，但她仍要提醒他們要抓緊
原則，如做無菌技術程序時，就不能有一丁點沾污，否則病人會受感
染，所以即使很趕忙，也要想一想，「對病人來說是不是好？是不是
安全？那會不會對他有危險？」

配合時代更改考試制度

　　1986 年香港護士局計劃逐步取消在護士學校的實習室考試，改
作臨床評核，袁淑恒相信這跟當時提倡的全人護理有關。所謂全人護
理是指給予病人全方位包括身、心、社、靈的照顧，而在實習室考
試，並不能反映這點。她記得以前自己是在實習室考核護理技巧，當
時是以上了年紀的醫院工人扮作病人，「那個考官要他裝痛，他便裝
出來」，然後測試學生能否作出正確的護理程序，學生只要熟習了實
習室，就能容易通過考核。

　　在新的考試制度下，學生要在真實的病房環境下，考核無菌技
術、派發口服藥，還要考核全人護理。全人護理是要學生為病人作出
身體檢查和護理評估，找出病人當刻的不同需要，並針對此制定一個
護理計劃。

　　至於負責評核的，除了各護士學校的教師外，亦會有臨床評核
員參與。袁淑恒做過多年的臨床評核員，審批過廣華護士學校及其他
大學的學生，她發現廣華的學生在考無菌技術和派藥都沒有問題，

1990 年袁老師（右四）與她首次當班主任的護士學生在畢業典禮合照

因為「他們在病房也做這些工作」，但在書寫護理計劃方面就比較弱，她相信是因為醫院工作太忙，「學生又要做這些，又要做那些，哪有這麼多的時間去寫護理計劃？」其後隨着師生不斷摸索便慢慢適應下來。

因應考試制度的改變，袁淑恒亦要走出病房教學。學校會預先分配老師到不同病房，然後她會嘗試配合學生實習的更期，到病房觀察他們執行護理工作的情況，有時碰上學生正在處理不是自己所教的科目時，也要去研習，變相自己也要增值學習。

大學生擅於書寫報告

2000 年袁淑恒調往中央護理部，負責安排大學院校的護理學生在廣華醫院實習及臨床評核，其實早在 1990 年代已開始有大學提供護理教育，大學生不用考香港護士局的註冊試，但跟護士學校的學生

一樣要考臨床評核，廣華醫院亦於 1990 年代末為這些學生提供臨床實習，到 2002 年全港護士學校關閉，就交由大學培育護士專業。她說大學生在運用理論以及撰寫護理計劃方面確是較強，但在臨床護理程序的考核就差一些。

　　由於每間大學在醫院實習的安排各有不同，有些是由大學老師在第一次臨床實習時，自行帶領學生作臨床教學，有些則由始至終全部交由醫院安排註冊護士去做，兩者都按在學校已經完成的理論課作相關實習。相比起來，從前接受護士學校訓練的護士學生到病房裡去時，高班生便會因應當時病人的情況，臨床教導低班生；當低班生能力可及時，「什麼都放手讓你做……因為真的需要你的一對手」，這讓袁淑恒覺得廣華醫院訓練出來的護士學生，「比較全面和萬能一點」，畢業後很快適應病房工作；而大學畢業的護士，醫院需要投放更多資源迎新，並要額外聘請導師來帶領這些新入職的護士。

　　2015 年，袁淑恒從醫院退下來。從最初只是跟隨同學報讀，至實習時漸漸發覺能幫助別人而產生滿足感，及後轉向護理教育發展，看着一代又一代的學生從課室走到前線，她寄語他們要抓緊護理原則，以病人為本，不要損害到病人。「病房很多事情會有變化，自己要停一停、想一想，想好了才去做。」她說。

護理工作苦樂參半

余玉屏　前廣華醫院護士學校一級護士長（教育）

訪談日期	2021 年 8 月 10 日
訪談學生	夏鎵烯、林曉俊 / 香港浸會大學 鍾采庭、黃惠欣、顏穎恩 / 協恩中學

　　1961 年起東華三院開始保送護士教師到澳洲攻讀護理教育，藉此提高師資質素。在瑪麗醫院護士學校受訓的余玉屏於 1972 年入職廣華醫院，翌年被派往澳洲進修十個月，回來後在護士學校任教十年，之後移民加拿大，1990 年代中回流。對照自己 1960 年代接受的訓練，到 1970 至 1980 年代的教學，以及對千禧年後護理教育的看法，余玉屏都跟我們一一分享。

往澳洲接受培訓

　　余玉屏起先在瑪麗醫院工作，由於病房需要輪更，當中有連續 14 天返夜更，她不喜歡這種工作方式，後來無意中得悉廣華醫院提供機會給現職護士修讀護理教育，心想或可轉至教育行列，「當教師，朝九晚五，都不錯」，遂於 1972 年加入廣華醫院工作。

　　初時她被派往手術室，覺得兩間醫院的工作都是大同小異，接着 1973 年便被安排到澳洲墨爾本的護理學院修讀。對比被派往悉尼需要修讀一年半時間的課程，墨爾本的課程只有十個月，課程相對密集，內容主要教授解剖學、社會學、微生物學、心理學等，還要寫一篇關於香港醫療事項的論文，並要到學院授課作為實習，由教師監督評估她的教學是否合格，但不用到當地醫院的病房實習。

　　余玉屏形容課程範圍廣闊，而且老師教得詳盡，學會如何找資料，「特別是對於日後預備教材時十分有幫助」，讓她慢慢摸索教學

1959 年余老師（第三排右三）入讀瑪麗醫院護士學校，後於 1972 年入職廣華醫院。

方式。「在香港的護士學校沒有教得那麼深入，如胃出血，就抽胃液，就是這麼簡單」，但在澳洲就會將教材全部寫出來，如教授胃部，會將胃出血、胃的構造、有什麼症狀、有什麼治療、有什麼護理要完成等都會一一詳細說明。

另一方面，她說當年在護士學校並沒有心理學，但那些來自馬來西亞、新加坡的同學卻有所認識，「我們則一頭霧水」，讀完後才知道什麼是行為心理學、教育心理學，認為這些都有助教學工作，「教導我們如何去應對每一個不同性格的人」。

教材加入中英對照

回來後她在護士學校教授一、二、三年級生。對一年級生，她主要教消化系統；對二年級生，她教心臟科，如血管／心臟的構造、血液的種類；三年級就教授腦科的腦神經系統，如自主神經、不自主神經等。

由於廣華醫院的護士學校是用中文授課，令在英文書院畢業的余玉屏在教學初期遇到一些困難，原來她不大懂得用中文寫教材，所以「我準備的教材用英文寫，再用中文說出來」。後來她發現如果只給學生中文，將來他們離開廣華醫院去別的醫院，「如瑪麗醫院這些

1973 年余老師（第二排左三）在澳洲進修期間與同學合照

1980 年代余老師（右一）
與李淑芳老師（中）及郭梅
生老師合照

運用英語的地方的時候」，或會碰上困難，於是她將中英文名詞一併放在教材上作中英對照，那麼即使遇到醫生說英文單詞也能聽懂；她又指出到病房時，醫生通常用英文對話，學了那些英文名詞，「他們便能清楚知道醫生指向，更加方便工作」。

　　她相信也是因為自己在英文書院畢業，廣華醫院才讓她到外國進修，因當地教學全是英語，這方面她佔了些優勢。事實上在 1960 年代，香港具專業資格的護士教師嚴重不足，廣華醫院亦不例外，「大多數都是由病房的資深職員進行教學，他們並沒有正式受訓，所以院方認為需要改善，要有受訓的教師教授課程，因此便找到了我」。

　　進修期間，余玉屏除了薪酬外，還拿了一筆獎學金，「換言之我是不用付出一分錢的」，條件是她回來後要為東華三院服務五年，她做了十年後因家庭原因而移民加拿大。

政府醫院待遇較高

　　余玉屏 1959 年在堅道的瑪利諾書院（瑪利曼中學前身）畢業，她說那個年代可以選擇的職業不多，主要「在護士、教師、政府文

員之間作抉擇」，最後她揀了護士，因為「護理這個行業在全世界通用」，讀護士學校有宿舍，又有收入，並認為瑪麗醫院較有名氣，加上「因為是政府醫院，待遇也比較好」，於是入讀瑪麗醫院的護士學校。當年政府醫院的待遇比補助醫院高，東華三院的護士後來發動工運，爭取同等薪酬待遇，經過多方努力，政府終於在 1972 年宣佈兩者同工同酬。

那時入讀護士學校需要一科理科合格，余玉屏在中學有修讀生物科，符合資格。入學後以英文作為教學語言，剛開始時先在初級訓練學校上三個月的課，合格後正式接受訓練。她說之後的課堂是由幾班學生併在一起，有百多人，課室寬闊，「就像一個戲院般」，但也令老師分辨不到學生。後來她在廣華醫院護士學校擔任老師，發覺廣華醫院在課堂安排上較好，因為每班約 40、50 人，老師跟學生的接觸可以較密切。

畢業後余玉屏去了英國讀眼科，在摩菲眼科醫院（Moorfields Eye Hospital）當了一年護士，之後才回瑪麗醫院工作，應驗了自己當初以護士可全球通用的想法。

對比不同年代護士學生

所有護士學校的學生都要到病房實習，余玉屏說當年瑪麗醫院的環境也不理想，病房內除了病床，四周也有很多帆布床，一間病房只有一兩名護士，卻要照顧 30、40 人，所以護士學生什麼都要做，「不能說沒有學過便不做」。她試過同一時間在兩間病房工作，除了替病人轉身、換床單、洗傷口，還要拿便盤，若發現病人的排泄有異常症狀，就要向上級匯報。

當年護理教育採用學徒式訓練，護士學生一旦到了病房，很多事情都要一手包辦。余玉屏認為今天的護理好像變成「斬件式」，「負責便盤的一組，更換床單的一組，轉身的一組」，她覺得現今的護士學生從大學接受理論，到病房只按電腦程式去理解病人，「花了這麼

多錢學當護士，這些污糟的工作怎會做？他不會拿便盤，對不對？不會去看大便是什麼顏色……是否真能照顧到病人，我保留疑問」。

　　她記得自己讀一年級時的聖誕節，醫院收了一名乞丐，因為沒有地方，便安排他在余玉屏工作的私家病房露台。那時她要替病人清除屁股的蟲屍，「真的受不了」，脫下手套說不做，幸得一位高級護士鼓勵並幫她一起清理，她才跨過當年的難關。

護理生涯苦與樂

　　對於余玉屏來說，護士的角色是「幫助醫生，亦照顧病人的需要」。如看見病人臥床很久，要知道何時替他轉身，以免形成褥瘡；又要監察病人的情況，如量血壓、量體溫、留意大小便顏色、抽出來的胃液是什麼顏色，然後一級級的向上匯報，待醫生巡房時向他報告，「讓醫生做決定」，再根據此執行。

　　當年除了在廣華醫院教書外，她有時要坐船到在東華東院教授助護課程，還要到護士局開會負責擬定執業試的試題，所以很大壓力，不過都能應付，只是那時她有一個學生，因為考試不合格而自殺，幸好能救回，但最後都沒有投身護理行業。對於護理生涯的苦與樂，她的答案是「苦就很多了」，不過每次看到病人能痊癒，「一個個的出院，就真的很開心」。

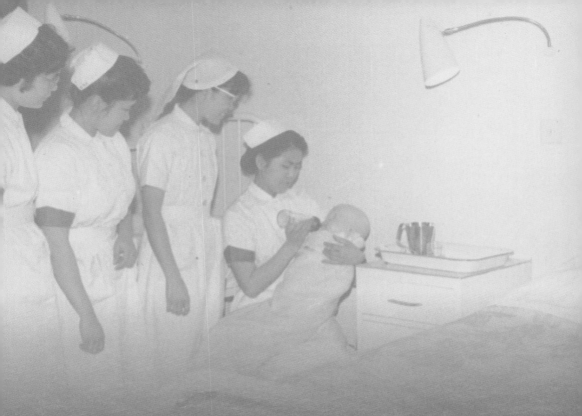

第四章

鞠育新生：
助產士的喜與悲

整理：馬少萍

助產士的劍膽琴心

潘妙好　前廣華醫院中央護理部高級護理經理

訪談日期	2021 年 8 月 17 日
訪談學生	唐品恆、蘇盈匡 / 香港浸會大學 呂樂晴、葉穎希、蘇詠恩 / 協恩中學

　　從 1970 年代接受助產士訓練，到 1990 年代當上助產士教師，千禧年後仍繼續教育工作的潘妙好，有着豐富的產科臨床及教學經驗，她要求學生懂得判別理論與臨床的分野，要用心對待產婦，不要因科技的發展而拉遠與準媽媽的距離。

輾轉下終能入讀

　　潘妙好想投身護士行業竟是緣於自身的需要，原來早在小學五年級時，某天她突然走不動，痊癒後醫生卻找不到病因，並說終究會復發。隨後她果然不時走着路也跌倒，父親也就常跟她說，將來長大去做護士吧，好歹在醫院裡工作有醫生照顧。中學畢業後，她就投考廣華醫院護士學校。

　　獲取錄後，當她興高采烈到宿舍報到時，竟被告之因未滿 18 歲，根據法例不能入讀，待她滿了法定年齡時再行通知。潘妙好當下很氣餒，心想「我不讀了」。之後她去了天台學校教書，數月後卻接到入讀的通知。於是在 1972 年，潘妙好正式成為廣華醫院護士學校的護士學生。

下級要服從上級

　　那時剛入校的低班生被稱為「Lows」，高班生為「Highs」，畢業護士為「大人」。在學徒制下，戴着白帽的低班生，聽從帽子上有

一或兩條邊的高班生的吩咐，負責鋪床、替病人清潔、量度生命表徵等等的基本護理，被教導要順從上級的教訓，縱使對方誤會了自己，還是「要用服從的心態，不可反駁」，因為「總會有半句或一個字能幫到你」。

　　1975 年畢業後，遇上社會經濟不景，「畢業等於失業」，潘妙好所屬的第 43 屆，沒有一個學生獲廣華醫院聘請，於是她去了當私家看護。不久東華醫院的百周年紀念樓開幕，她重獲聘任去當「開荒牛」，1977 年再回廣華醫院接受助產士培訓，成為助產士學生。

接生碰上不幸個案

　　每一個助產士學生首次接產稱為「開齋」，由她們稱作「師傅」的註冊助產士在旁，手把手教且悉心指導。那時初胎產婦皆需接受會陰切開術，待胎盆娩出後便進行會陰縫補。整個分娩過程，產婦多會因宮縮痛而大叫，之後在縫補會陰傷口時，也會因疼痛而呻吟。潘妙

潘姑娘在護士學生年代學習手術室儀器的消毒滅菌模式時留影

好說負責接產的學生由於經驗尚淺，壓力頗大，待得胎兒平安娩出，又擔心縫補技巧未臻完善，累及產婦。

有次她當夜更，到早上交更時，來了一位已知胎死腹中的產婦。由於早更的助產士學生未及準備，潘妙好便負責接產。豈料產婦突然穿了羊膜，羊水一下子湧出來，胎兒飛也似的娩出，胎身已腐，嚇得她人都呆了，最後硬着頭皮去料理一切。完事後，她終於忍不住在洗手間嘔吐，感到非常難受；另外她有一個同學在毫無預知下接生了一個上半部頭骨不完整的「無腦嬰」，因而驚呆無語了大半個月。

「當時我去接生一個死胎，而她接生一個想像不到的無腦嬰，對於我們的打擊頗大，印象也非常深刻，也讓我們知道幸福不是必然的。」

糊里糊塗去進修

完成了助產士培訓後，潘妙好先被派到東華三院黃大仙護養院，一年後再回到廣華醫院，大約十年時間裡分別在婦產科、內科、兒科工作。1989 年她在內科病房時，有位非常友好的男同事，準備報讀理工學院一個文憑課程，並鼓勵她一起報讀，「其實我當時不知道那個課程是什麼」，由於對方盛意拳拳，也照着去做，到面試時才知道是一個護士教師培訓課程。獲取錄後，潘妙好才知道要事前向醫院申請報讀，雖然被上司責罵，最後仍獲批准，「就是如此糊里糊塗的去讀這個課程」。

理論源於實踐

兩年後，潘妙好完成課程到護士學校教學，任教普通科微生物學。在幾經辛苦完成了厚厚的課堂筆記後，剛巧助產士教師馮玉娟升調婦產科部門運作經理一職，時任護士學校校長何啤娜就找她接替，當上助產士教師。

在授課的過程中，她發現學生喜歡聽故事，喜歡實在的案例，

於是她在病房找尋適合的個案，塗抹一切病人私隱後，向學生講解不同案例的表徵及處理方法。她要學生明白理論源於實踐，臨床是日新月異的，一定要不斷嘗試去追求創新及進步，所以她經常告訴學生，「你們在學校上理論課的那一套，未必完全適用於臨床，你們要知道其中的分別在哪裡」，要懂得以理論為基礎，從實踐中學習。

不是一個小角色

按課程需要，普通科護士學生要上一週的產科理論課程，然後到產科部門觀察和實習，被稱為「觀光團」。潘妙好要求她們在課程完結後寫一篇感受，其中一名護士學生提及，某天離開產房後，雙手很痛，原來是一位產婦在分娩期間，誤以為護士學生的手是床邊的扶手，大力地抓住，但她沒有甩開對方，還鼓勵那產婦用力，導致雙手紅腫。這種縱使以為自己什麼都做不了，但願意把心交出來，「就是我們做教育最重要的目的」，見證了小角色的大意義。

停辦助產士學校

潘妙好一直享受教學，只是數年後的某天，她還記得當時是下午三時許，在學生小休期間，張國安校長到教室外找她，說收到消息廣華醫院助產士學校要停辦，普遍相信是因 1998 年的金融風暴令香港經濟下滑，加上 1990 年代末出生率偏低，所以醫院管理局有此決定。她聽後即時心情落寞，忐忑不安，但返回課室繼續上課後，竟已渾然忘記校長的說話，完全投入講課中。

1999 年 10 月最後一屆助產士學生畢業後，助產士學校便停辦，而其他醫院助產士培訓課程也陸續停辦，只餘威爾斯親王醫院產科學校繼續進行培訓。不過儘管出生率下降，終究有嬰兒出生，還是需要助產服務。於是在共識下，各院助產士學生到威爾斯親王醫院產科學校上理論課，之後回到所屬醫院的產科部門實習，並由助產士教師和助產士作臨床教導，這種教學模式一直沿用至今。潘妙好於同年調派

到中央護理部，負責護士學生的臨床實習安排，亦在威爾斯親王醫院產科學校教導理論課，並在廣華醫院產科部門為學生進行臨床督導、產前和產後的臨床評核。直到 2002 年普通科護士學校也停辦後，她便負責統籌來自各院校護理系學生在廣華醫院的臨床實習安排。

科技拉遠人與人之間距離

　　科技的進步，讓產前的診斷更加精確，能偵察胎兒的狀況。潘妙好記得在她當護士學生的年代，只是用一個像廁紙筒的名為「黑仔」的胎心聲聽診器，「觸摸孕婦的肚，看看胎兒的背在哪裡」，然後把「黑仔」放到該位置，就會聽到胎兒心跳聲，接着就將胎兒狀況告知孕婦。現今發展到有胎心聲及宮縮監察，能夠一邊聽胎兒的心聲，一邊觀察孕婦子宮壓力的情況，非常先進。但她卻留意到今天有些助產士着重於儀器的監察，減少了和孕婦溝通的機會。潘妙好慨嘆「這是科技的進步，同時卻拉遠了人與人之間的距離」。

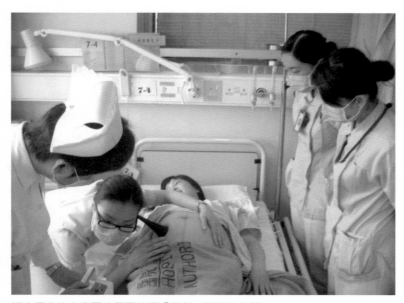

護士學生臨床實習時學習使用「黑仔」聽取胎心聲

於 2011 年成立的「護理天使合唱團」以歌聲歡迎護理系的新生（上圖）；2013 年
合唱團在國際護士節慶祝晚宴上演出，右三是潘姑娘。

護理天使合唱團

2011 年廣華醫院成立一百年誌慶，時任護理總經理岑素圓帶領
着一眾部門運作經理和病房經理成立了護理天使合唱團，於百年慶典
晚宴獻唱。隨後在岑素圓支持下，潘妙好招聚了一群喜愛唱歌的護士
成立合唱團，延續護理天使合唱團的精神和情感，東華三院贊助制服
和伴奏的電子琴。一直記掛學生的她，會為到廣華醫院實習的護理系
學生舉辦迎新會，合唱團以歌聲歡迎他們，希望能給這群新生「一個
很溫暖的感覺」，讓他們可以感受到廣華醫院融和的氣氛，能開心地
學習，並希望他們做到「劍膽琴心」這四個字，就是工作時要膽大，
待病人則要細心，一如她以往寄語助產士學生。

產房眾生相

何麗雯　前廣華醫院婦產科病房經理

訪談日期	2021 年 8 月 27 日
訪談學生	潘俊昂、麥詩韻 / 香港浸會大學 張逸喬、陳嘉希、呂曉琳 / 協恩中學

　　作為廣華醫院護士學校培訓的 3,300 名助產士其中一員，何麗雯姑娘 37 年的護士生涯主要在產科工作，接生過無數嬰孩，最高紀錄是 1970 年代初的一晚，產房共迎接 31 名小生命的誕生。

照顧家人啟發做護士

　　何姑娘在上海完成中小學教育後，被保送到華東師範大學修讀教育心理學。「當時我也想到北京大學或者清華大學，不過我怕冷，所以選擇了上海」。距離畢業尚有一年時，卻收到早已在香港定居的父母信息，因母親身體欠佳，家人希望她回來照顧母親，故 1962 年何姑娘來到香港。

　　在照顧的過程裡，她想到如果自己是一名護士，便會有更多的護理常識，對母親的幫助或許更大，而且護理專業「幫到自己也幫到人」。1964 年，正巧廣華醫院護士學校招生，入讀要求是中學畢業，她於是決定報讀。當時需要考中英數三科，獲取錄後，她完成三年的普通科護理課程，之後再修讀一年的助產士訓練。

邊學邊做融會貫通

　　當時普通科招收的學生，一班也有 30、40 人，第一年學習基本知識和理論，每三個月在學校上課，接着的三個月在醫院實習，輪流交替。所以一年級時，何姑娘已經在病房工作，推着放有敷料的工具

1968 年 7 月廣華醫院第 22 屆畢業師生合照，第二排右一是何姑娘。

車，跟着她口中的「高班生」三年級生，看她們如何派藥、洗傷口，以學徒形式學習。

「我覺得這樣的學習形式不錯，因為一邊學一邊做，有機會與病人溝通，掌握他們的實際情況，不單是學習書本上的知識，也學到臨床上的處理」，更認為這樣邊做邊學，「記憶較深刻，知識亦能融會貫通」。

丁酉房情緒不穩的病人

在學護的生涯中，何姑娘有一段難忘的事。那時候她一年級，剛到病房實習，「在現今廣華醫院廟的旁邊，有一座一層的病房」，病房叫作「丁酉房」，住的是晚期癌症病人和久臥病床的人，很多都是半身不遂或大小便失禁，病人在情緒影響下「會將大便到處拋擲」。這令何姑娘感到很難過，所以她嘗試在工作以外與他們聊天，希望提供精神上的支持或幫助，只是「他們卻不明白我的意思」。那間病房後來被拆卸，病人轉移到 1965 年興建的東華三院黃大仙護養院。

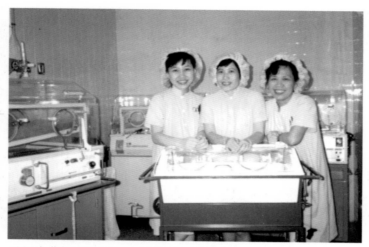

1980 年代何姑娘（右一）與同事於產房合照

　　至於何姑娘提及的病房位處「廣華醫院廟」的旁邊，醫院內何來有「廟」？原來是指昔日廣華醫院大堂，1970 年已改為東華三院文物館的地方，因裡面供奉神農氏，所以被醫院中人稱為「廟」。

一晚接生三十一個嬰兒

　　1968 年完成助產士訓練後，何姑娘便開始在產科工作。1970 年代初是廣華醫院產科的旺盛期，那時很多孕婦前來分娩，除了本地人外，還有持單程證從內地來的，不過也有些是沒有證件的，「警察送來醫院就直接進入產房，什麼檢查也沒有做過，其實也頗危險」。

　　不過要數驚險的，還是那個在一更八小時內「我們接生了 31 個嬰兒」的晚上。當晚除了負責產房工作的何姑娘外，還有兩位產科生和四位助產士，合共七個人，其時產房只有六張產床，一般情況下，要待孕婦子宮頸開至八、九度才推進產房，但那晚有不少來自油麻地的水上人孕婦，因為經常勞動，「她們一進產房便馬上分娩了」，所以只開到六、七度就已推入產房作準備。

　　「當時實在太多人」，所以何姑娘先替第二、三胎會較快分娩的

產婦接生，第一胎的準媽媽只能在候產室等候。接生後還有不少事情
要做，先替嬰兒抹一抹身，然後為他戴手帶、腳帶、打腳印，確保身
份無誤。「產婦姓名、嬰兒性別不能弄錯，先標記好，打好腳印，記
下出生時間，這是很重要的」，由於要趕及做基本紀錄，「那些嬰兒
還沒洗澡呢！」。

　　由於盛況空前，醫院短時間內找不到足夠的嬰兒床，最後有
18 個嬰兒要睡帆布床。當時一班同事忙得「連去洗手間的時間也沒
有」，何姑娘下班後回家仍心中記掛，雖然很疲累，也要打電話給同
事確保紀錄沒出錯才能入睡。

助產士的工作

　　那時候的產房分兩層，一層是「正常產」的產房，在北翼 11 樓，
是何姑娘工作的樓層，下一層是「異常產」的產房，像那些「臀先
露」，即是臀部先出來的，又或是孕婦有妊娠併發症，如高血壓、產
前出血的，「總之有疑難、與妊娠有關的病症都在北翼十樓」。正常
產的產婦大部分都是由助產士主理，資歷較深的便做負責人，當年何
姑娘在產科學校畢業兩年已經要全權負責了。

　　不過，當年有孕婦因沒有做產前檢查，到臨盆時才發現是「臀先
露」，「如果嬰兒的頭不能順利娩出，便會在子宮裡面窒息而死」，即
使當刻醫生未及時趕到，也要替產婦接生。「我們的年代就要一手包
辦，那時候的助產士真的很能幹」。

　　除了接生的產房外，當年何姑娘還在產前房和產後房工作。產
前房是給那些未分娩但患有妊娠毒血症、高血壓、糖尿病等的孕婦
入院作檢查和觀察；產後房則是分娩後產婦入住的房間，「工作較簡
單」，主要是觀察產婦有否產後出血等異常情況和餵哺工作。

油麻地水上人少做產檢

　　1970 年代的油麻地有很多水上人，她們即使登記後都很少做產

1997 年何姑娘（第二排右一）與婦產科部門主管鄧燦洪醫生
（第一排中）、婦產科部門運作經理岑素圓姑娘（第一排右一）
及同事合照。

前檢查，直到快臨盆時才趕來醫院，變成「急產」。由於水上人大多
都是多孩家庭，加上普遍有重男輕女的思想，有時為了「追仔」，
妻子更不斷懷孕，覺得這麼多小孩也是這樣分娩，就不在乎產檢。
當時計劃生育的觀念在民間不算普及，而且廣華醫院不收費用，便
吸引更多人前來分娩。「我們沒有分什麼階級，有錢或沒錢，都會一
視同仁」。

　　不過，即使有做產前檢查，那時的產檢並沒有現今的科技和數
據支持，如嬰兒的磅數只是大約估計。有次何姑娘便接生了一個十磅

三安士的嬰兒，「那晚我連飯也吃不下，因為我用盡了力氣幫她娩出來」。當時嬰兒的頭部娩出後，她便準備娩出嬰兒的肩，可是「他的肩卡住了出不來，要令到他的肩能順着產道才可娩出來」，最後，何姑娘用盡方法將嬰兒轉至正常位置，才能娩出。換作是今天早知道嬰兒的情況，多會選擇剖腹產。

接收留產所個案

何姑娘除了替廣華醫院的產婦接生外，也要接收從「留產所」轉來的個案。留產所是助產士自己掛牌開設的私人接產地方，沒有醫生駐守，盛行於 1950、60 年代，1970 年代逐漸減少。當留產所在接產時遇上難產或嬰兒出現問題時，便會趕快轉送產婦到醫院，由醫院處理。

何姑娘於 2001 年退休，職銜是病房經理。她說接生嬰兒真的要到臨床體驗才能明白，縱使開始時面對很多困難，但「那時的環境會讓你學習、鍛練、適應和成長」，使她們在複雜的環境下，學會判斷、處理和解決問題。回顧過去，何姑娘說，與同事們一起工作、互相幫助，互相提點，發揮團隊精神，所有事情和問題都能迎刃而解。

當生育不是理所當然時

郭秀媚　廣華醫院婦產科資深護師

訪談日期	2021 年 8 月 10 日
訪談學生	潘俊昂、麥詩韻 / 香港浸會大學 廖恩臨、黃頌嵐 / 協恩中學

　　1998 年廣華醫院成立輔助生育中心，協助不孕夫婦孕育下一代，是當年唯一在兩所教學醫院以外，提供這種服務的公立醫院，並且由東華三院撥款支持。那時從產房調往該中心工作的郭秀媚可說是這方面的先行者，「開始接觸生育科技的時候，感覺很神奇，非常奇妙」。20 多年來她見證着香港在這方面的發展和需求，儘管輔助生育在運作上跟產科不同，但對準媽媽的照顧和關懷，郭秀媚的初心依然不變。

試管嬰兒改變生育定律

　　輔助生育的起源要追溯至 1978 年世界第一個試管嬰兒的誕生，郭秀媚解釋那不是指在試管裡生一個寶寶出來，而是將原本應在輸卵管內進行受精、胚胎分裂及至胚胎發育成熟的過程，移至胚胎實驗室中進行，再將胚胎植入母親子宮內。由於胚胎當時只是第二、三天，要待兩星期才知道是否成功懷孕，之後繼續長大至出生。

　　20 年後，香港在這方面的發展仍然緩慢。時任廣華醫院婦產科主管鄧燦洪醫生，察覺到社會確實有此需要，但當時全港只有港島的瑪麗醫院和新界的威爾斯親王醫院提供此服務，人口眾多的九龍卻缺乏，成立輔助生育中心的建議最後獲東華三院通過支持，於 2004 年正式成立。

　　當郭秀媚知道自己要迎接新的挑戰，參與這項嶄新的工作時，

1991 年郭姑娘（左）與同學合照

立刻重新裝備自己，而所屬的部門亦給予支援，讓她與負責的醫生一起到美國參加國際會議，了解其他國家在這方面的醫療發展，學習新的科技，並安排她到瑪麗醫院修讀相關課程，汲取更多知識。

資助讓中下階層受惠

輔助生育中心獲得東華三院資助，提供免費的服務，相比私家醫院約十萬元的收費，對不少經濟不充裕而有需要的人士無疑是佳音。那時除了九龍，其他地區如香港及新界的夫婦也可以去求診，雖然中心人手有限，只有一位醫生、一位護士、胚胎師及助理共四人，一般輪候期為三至四年，不過能提供的服務量，已經從最初每年提供50 次療程（或稱「周期」），增加至後期的每年 100 次。

輔助生育中心會因應病人的身體狀況提供相關的治療，包括給予誘發排卵、宮腔內受精或試管嬰兒。中心護士的角色除了處理日常的護理工作及門診服務外，還要協助醫生進行輔助生育相關的程序及輔導的工作。

早期為了增加懷孕的機會，中心的治療程序會將兩個胚胎移植至媽媽的子宮裡，這會增加懷雙胞胎的機會，但「我們亦最害怕出現雙胞胎或三胞胎」，因為會增加懷孕及生產併發症的風險，對媽媽和

輔助生育中心壁報板上，貼有不少由成功孕育新生命的夫婦寄給醫護人員的嬰兒照及感謝信。

嬰兒都不健康。

　　郭秀媚記得有一位懷雙胞胎的女士，嬰兒因早產而夭折，女士繼續嘗試但都失敗，「到了最後一次，也是最後一個雪胚胎，她以平常心去接受那次胚胎移植，最後成功懷孕了」。其後夫婦二人帶寶寶來探望她們，以及把孩子成長的相片寄給她們，「見到二人的喜悅，讓我感到這份工作的意義」。

產房如戰場

　　這種「幫到人」的心態，是推動郭秀媚工作的動力。早在她入讀廣華醫院護士學校時，一開始上了八星期的課後，便要到病房實習半年，「那時工作環境很差，沒有冷氣，完成工作後便一身汗，放工回到宿舍已全身濕透」。一更八小時無間斷地工作，有同學抵受不住而退學，「我自己就堅持着，繼續這份有意義的工作」。

　　1995 年她完成助產士訓練，在產房工作，壓力更大。「每一次上班，心情就像上戰場一樣」，因為「有任何出錯便會影響兩條生命」，所以每個人都要時刻保持警覺，直至聽到寶寶出世後的哭聲，媽媽亦

沒有問題，才會鬆一口氣。

在絕望中成功

輔助生育的成功率不太高，大概只有三成，「所以我們會預先給她們心理輔導，要作失敗的打算」。有些婦女經歷多次治療都沒法懷孕，最終決定放棄。她們會這樣想未嘗不好，至少「不用那麼辛苦，可以重新發掘自己的興趣及好好享受未來的人生」。

所以同樣是迎接新生命，郭秀媚坦言在輔助中心比在產房會更替媽媽高興。「因為我們將媽媽的希望由無變有，或幫助她們在絕望中成功，在經歷高低起伏時，我們都在身邊陪着她，最後順利生產，對我們來說意義更大、感受更加深」。

面對生育許多未知的變數，郭秀媚看到好些女士在情緒上有波動，不懂如何釋放壓力，又或因此與丈夫吵架。為了更能與她們同行，她進修了一個關於輔導的碩士學位，希望學習的內容能幫助她們走出困惑；而當發現有需要時，也可以轉介至精神科或社工幫忙。她說面對流產的女士，說安慰的話如節哀順變其實沒什麼意思，「有時候無聲勝有聲，拍拍她的肩膀，讓她們哭一會去發泄一下更有效。」

從秘密進行到開放討論

中心開始的時候，大多是 38 至 39 歲的女士來登記輪候做試管嬰兒，大抵是 1990 年代經濟上軌道，很多婦女專注事業而遲婚，到了想要孩子時已經趕不及。醫院管理局對進行試管嬰兒的年齡上限為 40 歲，因輪候時間較長，這批高齡婦女往往已過了所限年齡。

那時來接受治療的女士都不想其他人知道，特別是家人，免得被問長問短，「她們會覺得這是很羞恥的」，但隨着時代和資訊流通，輔助生育已變得普遍，郭秀媚看到她們會在一些親子網站分享治療的過程和心得，有些更會在早上等候治療時，互相交換聯絡方式，並成立群組互相扶持。

事實上，廣華醫院的輔助生育中心亦曾為求診的夫婦組織支援小組，在暑假期間聯絡以試管成功懷孕的媽媽，邀請她們分享如何克服當中的困難，還會邀請她們的另一半同來，「因為有丈夫的支持，妻子才會有力量」。支援小組裡還有醫生，在場即時解答求助者的問題。支援小組維持了超過五年，可惜因為其後的人事變動而停止運作。

如何運用公共資源

香港的試管嬰兒中心受人類生殖科技管理局規管，只會為一夫一妻的合法結婚夫婦提供輔助生育治療，目的是不想小朋友在單親家庭成長，所以會要求一些來自可以有多個妻子國家的人士宣誓作證明；亦不容許精子或卵子買賣。

2015 年，中心與香港大學合作，開始提供收費服務。「不過都較私家醫院便宜，只需要繳付化驗室的費用」。收費亦可以讓中心擴充規模，目前有兩位醫生、四位護士、四位胚胎師及助理，人手較以往增加了兩倍，以至輪候時間可以由三、四年縮短至約一至兩年，試管嬰兒療程亦由每年 100 次增至 300 次。

香港在輔助生育方面的需求愈來愈大，只是輪候時間依然太長。於是幾年前就有很多夫婦選擇到台灣尋求相關服務，因為當地輔助生育的發展成熟且價錢相宜。郭秀媚認為輔助生育的未來發展會更好，但需要投入更多資源。中心計劃將來會開拓為癌症病人儲存卵子的服務，讓她們將來也有生育的機會。此計劃或會引起社會上不同的迴響，如資源應否集中投放在醫治疾病的專科？相對非緊急的服務如輔助生育就應獲得較少的關注？如何運用公共資源，相信不同人會有不同立場。

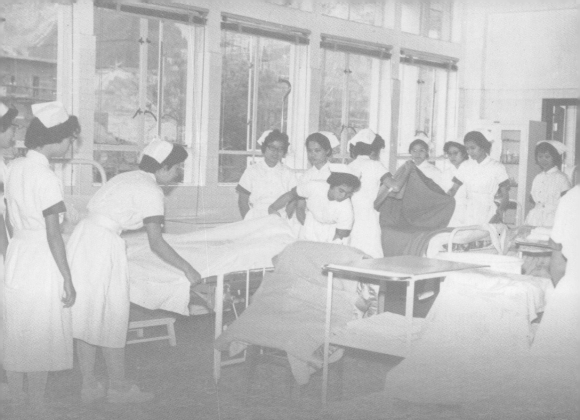

第五章

運籌帷幄：
統領的藝術

整理：馬少萍

守護者的角色

盧淑芬　廣華醫院護理總經理（2018-）

訪談日期	2021 年 8 月 26 日
訪談學生	汪意玲、吳浩然／香港浸會大學 林悅晴、郭樂言、謝欣橋／協恩中學

　　1987 年從護士學校畢業後，盧淑芬隨即被派到深切治療部工作，累積十多年的臨床服務經驗後，轉職中央護理部參與行政管理工作，2018 年升任為廣華醫院護理總經理，帶領整間醫院的護士團隊。在為病人及家屬提供適切醫療服務的同時，她亦積極凝聚團隊精神，秉承東華三院傳統──「善待病人、救急扶危」的理念。面對繁重的工作及挑戰，她確信只要持守初心，常存感恩為病人、為同事做正事，就算遇到困難亦不用害怕，問題終必可以解決。

深切治療部的奧秘

　　深切治療部是護士學生們不曾接觸的地方。有別於常規訓練，部門有專科培訓課程給新入職同事。當年初出茅廬的盧淑芬跟着師姐們邊學邊做，簡單如調校病床的升降角度都要重新學習，因為病人躺臥的姿態與其病況息息相關，或是仰臥、俯臥甚至頭低腳高，都會直接影響治療及護理效果。

　　培訓內容會按同事的適應能力逐步增加，諸如監察心電圖，預備緊急插喉用品及呼吸機、進行血液透析，以及心肺體外循環機複雜程序等，待完成相關培訓後，便會擔任主責護士一職。盧淑芬說，當病人身上連接上維生儀器，護士必須懂得從中監察病況和解讀數據，從而分析病人的情況是否有所改善，然後作出適當調校。「病人其實很依賴護士的臨床判斷，因為醫生不可能 24 小時留在病人身邊，唯有護士

可作守護者的角色」。隨着醫療科技日新月異，護士在與時並進、不斷提升才能的同時，亦不可忘記照顧病人的初心和同理心，「要把深切治療部變成 High Tech, High Touch（高科技，深度照顧）的地方」。

沙士帶來的反思

　　2005 年，時任護理總經理馮玉娟向盧淑芬提出調職的建議，讓她轉往中央護理部擔任教學的工作。雖然對調職安排有所猶豫，但回想 2003 年沙士帶來的反思，「當時在深切治療部見到生命的脆弱，人生的無常，便切切提醒自己要好好珍惜一切，善用往後的日子」。最後她答允接受挑戰，踏出一步開展自己的眼界，探索外面的世界。

　　盧淑芬初期負責護士培訓，穿上水鞋、圍裙，帶着學生一起替病人沐浴，指導他們的臨床工作重點。中期曾參與風險管理範圍工作；並負責護理人力資源管理，安排招聘、培訓及員工支援小組。她亦參與廣華醫院重建計劃，完成早期調遷設計及新院功能概覽；及後再擔任醫院的「職安健」（職業安全及健康）聯絡人，照顧不同職級員工的需要。

約 1998 年聖誕節盧姑娘於深切治療部留影

約 2011 年盧姑娘於東華三院文物館前留影

2021 年 11 月 18 日廣華醫院重建計劃第一期工程平頂，盧姑娘（第一排右四）與各部門運作經理合照。

無懼環境守護病人

　　2018 年盧淑芬獲擢升為廣華醫院護理總經理，在短短數年間面對不同的挑戰，要不時作出應變，以確保醫院的正常運作。如在 2018 年颱風山竹襲港時，公共交通嚴重阻塞，同事連上班也成問題，當時便要適時調動院內人手照顧病人。2019 年的社會情況更讓醫院的運作變得複雜，她抱着「專注病人服務為先」的信念，難關一個接一個的去解決。

　　2020 年，新冠肺炎疫情在香港爆發，從「第一波」發展至接受訪問時的「第四波」，盧淑芬認為除了沙士後興建的負壓隔離設施，應付這次疫情更需要有整個醫療系統的配套，如開設香港傳染病醫院及亞洲博覽館作隔離之用。當疫情緊張的時候，她和團隊基本上是每天不停地為確診及疑似確診的病人安排隔離床位，提供所需照顧；並要不時作人手調動，安排同事到隔離病房或其他隔離設施工作。

凝聚護理團隊

護理界近年正面對人手不足和退休潮的問題。作為醫院的管理層，盧淑芬有一個很明確的目標，就是做好「接棒計劃」。她希望不同職級的同事都有一個「接棒計劃」，使整個廣華醫院的護理團隊能維持其持續性。明白外面有很多環境因素引致人才流失，所以她很重視對同事的支援，透過中央護理部提供不同培訓機會，以及連串的關懷行動，例如護士節的愛心探訪，又或是透過網絡的聚會、四格漫畫的信息，讓大家聯繫起來，互相支持鼓勵。

盧淑芬坦言在 2000 年前，絕大部分的在職護士都是從廣華醫院護士學校訓練出來，所以凝聚力很強。她常常思考如何能令來自不同院校的同事對廣華醫院有歸屬感。2009 年，她到美國著名的約翰斯・霍普金斯大學（Johns Hopkins University）培訓，看到大學的「春天計劃」，正好讓她得到啟發，回來後成立一個「夥伴起動計劃」，希望透過不同活動，如邀請醫院行政總監參與迎新派對，又或是邀請東華三院檔案及歷史文化辦公室負責人講解東華三院的歷史和宗旨使命；以至由護士隊伍中的師兄師姐為下一屆同學的打氣加油，藉此凝聚來自五湖四海的護士新力軍，讓他們知道自己在職場上並不孤單，而是得到各方支持，每名員工因此都能融入廣華醫院的大家庭裡。

對年輕一代的寄望

至於新入職的護士，醫院會為他們提供一個名為「三年抱兩」的輪動計劃，安排他們在工作的首三年在不同病房工作，一方面可以增加新員工對不同科別的知識，也可以讓員工認清目標，為未來專科發展打下基礎。

曾有一位入職半年的護士向盧淑芬要求調換病房，否則便辭職。盧淑芬與同事傾談下發現同事「覺得病人很討厭」，耐心聆聽下更發現原來當護士根本不是她最初的志願。盧淑芬遂建議她先回想過了三年護理學習的心路歷程，是否仍覺得心有不甘地「做護士」。又

對她說，不知道有哪個地方的病人會令她覺得「不討厭」，指出護士是不應揀選病人的，如果同事要辭職便辭職吧。「感恩，這位同事今天仍然在廣華上班」。

所以她常跟新一代的護士說，護士生涯是一個旅程，要盡量去享受和經歷。旅途中一定有困難和挫折，但「愈早遇挫折愈好，愈早有困難愈好，因為這都是旅途中的寶貴經驗，一生受用」。

邁向更獨立自主的角色

廣華醫院正進行重建計劃，落成後將有大型日間服務中心，減少病人住院的時間。她認為本港人口老化，病床增加永遠趕不及需求增長，所以新的日間服務中心的營運模式正好切合社會需要。在此當中，護士在診所的角色十分重要，如手術前的評估和入院前的檢查程序，不同護理專科的指導，能給予病人莫大的幫助。

從臨床到行政，再到整體規劃，盧淑芬表示護士的工作與經驗環環相扣。以往在深切治療部的經驗，讓她學習到臨床知識基礎外，也明白到照顧病人的親身感受。至於行政工作，則讓她在人事管理及處理緊急事故上得到提升，她相信結合這兩種思維去理解和分析事情，應該有更理想效果。

面對未來，盧淑芬認為最重要的始終是人才培訓，因為「沒有人就不能繼續下去」。她相信縱使今天已有機械人、人工智能、遙距醫療等高科技技術協助護士工作，但它們都不能取代人與人的接觸，「護士是不會被科技所取代的」。她認為近年「顧問護師」的出現，更是對護理專業的肯定和支持。她寄語護士們要常存感恩和同理心，好好裝備自己，一起為專業發展努力，承傳「南丁格爾」守護病人的精神。

一路走來的足印

鍾麗霞　前廣華醫院護理總經理（2013-2018）

訪談日期	2021 年 8 月 23 日
訪談學生	黃小蓉、黎儀／香港浸會大學 廖欣怡、劉卓雅／何明華會督銀禧中學

　　鍾麗霞是首位從廣華醫院護士學校訓練出來的護理總經理，背後承載她接任前 37 年在廣華的成果。當時的醫院行政總監有感醫院重建，部門間卻出現張力，希望有個熟悉醫院的人幫忙聯繫同事；而她亦一直不忘自己「在廣華訓練，在廣華長大」，想到若能在崗位上「凝聚大家，我怎麼都應該出一分力」，便毅然接受了作為護理總經理的挑戰。在五年任期內，經歷了大樓拆卸，仍力保原有病床維持服務，不削人手，鍾麗霞又交出另一張成績表來。

醫院重建　如何安置

　　2013 年 2 月，立法會財委會通過撥款，開展重建廣華醫院的籌備工作，由於要維持對油尖旺區市民的服務，工程預計分兩階段進行。首階段是先拆卸南翼，並要將位於南翼的臨床服務，調遷至未拆卸的東翼和北翼，這一改動，觸動了不同部門和不同職系同事的神經，因為大家對這次重建的安排有很多的未知，「當時我聽同事們說得最多的，就是『我們部門是否要縮減服務？』。同事擔心『我會被調走嗎？』」

　　她說當初大家未知醫院會重置所有病床數目，所以擔心人手會被調走，故自己便嘗試扮演「人和」的角色，使同事在互諒、互相合作下參與重建計劃。同年 9 月，她接任新職位。

　　上任後她發覺要維持醫院 1,120 張病床數目，一張都不能減，是

1976 年廣華醫院第 56 屆護士學生合照，第三排左七是鍾姑娘。

一項極大的挑戰。廣華醫院原有三座容納住院病人的地方，拆了一座，但仍要保持原有的床數、原有的服務和原有的人手，着實不容易，往後她就一步一步地解決問題。

保存人手　共同進退

那時候她走遍所有部門與主管溝通，到處找地方重置病床，甚至填滿走廊後仍未足夠，幸好大家都同意加強日間醫療服務，增加日間病床的數目。因為一張日間病床，可以分成上下午不同時段給不同病人使用，就如過往照腸鏡可能要住院幾天，「我們就會選擇一些年輕的、可以自理的患者，告訴他在家要做的預備」，待病人清理腸道後，只須照腸鏡那天才去醫院，便可省下一些病床。

不過制度上日間病床所需的人手，只佔病房病床的一個百分比，為了向聯網及總部交代，她詳細地表列病房人手的安排，並解說原本在同一樓層的服務，如要分開兩個不同樓層及較細小的地方去重置，本來三個人可以做的事，重建期間便需要四個人，指出若減去原有人手便不足以應付，加上需要延長服務時間來配合病人需求，因此必須保留原來的所有人手。

因地方所限，對於那些無法安置的病床，她便想到遷去東華三

院黃大仙醫院，因為那時她肩負兩院的護理總經理職務。由於本着「護士跟病人走」的理念，她便按人手比例，安排廣華醫院的同事一起過去東華三院黃大仙醫院。鍾麗霞向自願調院的同事承諾，調院是每年輪流更換一次的，免去同事的憂慮。

這番努力爭取，只因她曾諮詢同事對去留的意見，大部分都願意留下繼續工作，於是鍾麗霞覺得自己有責任「盡量保存大家一起，共同進退」。

處事認真　病人為先

鍾麗霞 1979 年從廣華醫院護士學校畢業後，曾在多個部門工作，包括深切治療部、產科、內科及老人科、兒科、門診、中央護理部，亦曾擔任臨床督導員，從臨床到考核護士學生再到行政，涉獵多個範圍。她形容自己是「一步一步走過來，經驗的累積擴闊了我的視野」，最終成為護理總經理。

她提到在中央護理部工作的時候，曾負責質素及風險管理，當發生事故時都會聯繫部門不同職級的同事，找出根本原因後，就會要求檢視及修正整個工作流程，「無論你多高級我都會向你反映並跟進」，這種處事態度，其實早於她在病房工作時已表現出來。

那時她在兒科病房，出道只有幾年，一般在上一更同事交代病人情況時，接替的下更同事只會一邊聽，一邊記下重點，她卻因想更了解病人的情況而不斷發問，以致有較高級的同事直指「你很麻煩，經常提問那麼多」。不過後來病房其他同事亦認同她這種工作態度，因大家都希望提供更適切的照顧予病人；而當她發現交更有所遺漏時，即使很晚也會打電話到病房通知同事。

鍾麗霞自認是一個緊張的人，可能因為年紀輕輕便加入了經常面對死亡的護理工作，面對的壓力不少。幸得在護士學校時結識到跟自己一樣對游泳有興趣的師姐妹，放假時會相約暢泳，後來更參加了幾屆的渡海泳，除了減壓，亦「能訓練我的耐力和堅持」，只要認定

2016 年 5 月 21 日，因應廣華醫院重建工程即將開始，鍾姑娘（第一排左十）於即將拆卸的護士宿舍，籌辦了護士學校畢業生聯會，出席護士穿回護士學生制服合照。

目標便會奮勇向前。

　　她不曾忘記訓練時所學的要站在病人角度，並於需要時替他們發聲。正如當年她在兒科病房服務時並沒有手術更表，那些患病孩子的媽媽，只能於星期一早上七、八時到病房等候，直到醫生十時巡房時才告訴她們，孩子有否安排在該星期做手術。假如沒有的話，就要下星期再來等。鍾麗霞覺得不合理，那時候該病房沒有護士長這類高級職員，她當時是一名註冊護士，她向巡房醫生反映，卻不得要領，於是她等到最高級的醫生來到病房時，向他提出要求，希望盡早知道手術編排，以便通知家長。意見終獲採納，「那時坐在更枱工作的同事，不禁即時給我豎起了大姆指」。

毋忘初心　毋忘出處

　　除了確保重建工作順利過渡外，鍾麗霞亦關注護理服務的質素，她說因應醫療服務愈來愈複雜，醫院分工也愈來愈仔細，但她還是建議病房經理編更時，定時加入一名護士，與病人服務助理一起替病人換尿片及抹身。除了作適時指導及更新外，「我希望我們護士知

2017 年鍾姑娘獲頒長期服務獎，與（左起）九龍西聯網總監盧志遠醫生、廣華醫院行政總監張復熾醫生及東華三院行政總監蘇祐安先生合照。

道這些最基礎的照顧是怎麼做的，不會生疏，因為那些看似簡單的事，是病人最基本的需求」。一切背後都是以病人為中心，這是她的職責，也是她的執着。

2016 年，南翼終於要拆卸，連在旁的護士宿舍亦要一併拆掉，那是鍾麗霞自 18 歲起最初接觸廣華醫院的地方，也是她擁有最多回憶的地方。同年 5 月，她在那裡發起一個歡送會，找來歷屆畢業的同學，最終有 903 名校友響應，當天還借來 50 套護士學生制服，讓不同屆別仍在廣華工作的師兄弟姐妹穿上來接待眾人，成就了一個集體回憶。

鍾麗霞的五年任期於 2018 年結束，一年後她再次回來，擔任高級行政主任一職，主要負責統籌醫院重建後搬遷及入伙的一連串工作。她期待到時有一個嶄新的環境，「除了地方較寬闊令病人較舒適外，我們也可以放置一些新的儀器，以配合日新月異的醫療科技」，這樣就能「提供一些更好的服務給我們油尖旺的市民」。她念念不忘的當然還有 ——「亦希望同事會有一個更理想的工作環境」。

天天磨劍的專業

岑素圓 前廣華醫院護理總經理 (2009-2013)

訪談日期	2021 年 7 月 28 日
訪談學生	唐品恆、蘇盈匡 / 香港浸會大學 蔡睿舒、劉愷瑤、陳衍穎 / 協恩中學

　　1982 年岑素圓於伊利沙伯醫院護士學校畢業，15 年後加入廣華醫院。「我在 1997 年來任職部門運作經理的時候，沒有人介意我不是廣華醫院訓練的人，同事很接受我」。作為管理層，她努力爭取資源，並希望培訓同事達致教學醫院相關的水平。推動背後，為的不只是醫護，而是要照顧的人，「你去獲得更加多的知識，就令病人更加得益，這才是我們應該要做的事情」。

還病人一個公道

　　岑素圓過去一直在公立醫院工作，「服務的對象是普羅大眾」，她並不認同病人在公營機構就得不到好的服務，這也許跟她的個人經歷有關。中三那年，父親在伊利沙伯醫院去世，當晚跟媽媽趕去送別的過程中，醫護的冷漠讓她很難受。四年後，她完成中七課程便報考護士學校，為的是希望「還病人一個公道」，讓他們得到應有的尊重和照顧。

　　1997 年她加入廣華醫院任婦產科部門運作經理，除了提倡母乳餵哺外，更引入產婦情緒評估及輔導支援服務，要求助產士在照顧產婦的生理狀況外，亦須留意她們的心理健康，期望能有效預防產後抑鬱症，「把我在外國得到的研究成果放到香港的服務裡」，原來她為了提升自己的能力，1990 年去了澳洲修讀護理學士學位，兩年後回來專注在產科發展。

　　儘管自己不是在廣華醫院護士學校畢業，岑素圓卻看出這所醫院的文化很特別，「同事很像一家人，很熟絡」，跟她在其他的公立醫院不同，而且彼此會互相支援，「當有人提出問題時，不會說這是誰的問題，而是會一起處理」。

大家都有好日子過

　　適逢千禧由 1999 年過渡至 2000 年時，醫院害怕儀器因千年蟲問題而無法運作，於是停止手術室及門診部服務三天，岑素圓便利用這難得機會，為部門所有醫護舉辦了一個為期三天的心理輔導課程，希望在藥物治療外，醫護亦要關注病人的心理訴求，並引導醫護如何拆解問題、如何回應問題和如何理解病人心情，「你問她開放式問題，令病人打開心結，她就會跟你聊天」。

　　輔導課程結束後接連數月，病人的投訴跌至零。她解釋說醫護很多時看到病人哭，基於同情都會叫他不要哭，卻引來病人投訴，「他們不開心就投訴你，投訴又不需要成本」。她明白同事沒有錯，只是說話不夠動聽，相信學會了怎樣溝通，以後「大家都有好日子過」。

　　2007 年她向醫院行政總監提議創辦全港第一個綜納式產褥中心，讓產婦由產前到分娩再到產後，都在同一地方得到一條龍照顧服務。她說產科服務「由無到有，由有變好，從好到安全，安全到個人化，甚至是人性化的服務」，都是順應時代的發展，並透過系統的培訓和教育，以及一個科學化的實踐操作而成。

據理力爭資源

　　2009 年岑素圓獲任為廣華醫院和東華三院黃大仙醫院護理總經理，統理兩院的護理服務。她明白公立醫院在資源上有很大的競爭，廣華醫院並不屬第一線能取得最多資源，很多時要由自己主動提出，尤其是在人手編排上，故上任後便向總部提出廣華醫院的婦產科工作

量大，社康護士涵蓋的地方服務又較多，但兩者人手比例上卻較同一
聯網的醫院少，要求增撥資源。「那時候要不斷給數據去爭取，才能
得到我們應得的」。

另一方面，她亦嘗試透過其他渠道，如藉着所參與的護理專科
學院和助產士管理局，為政府做護理人手指標的同時，冀望能為醫院
爭取足夠合理的護理人手比例。

注重護士培訓

除了資源，岑素圓也爭取培訓的機會，「如果我們沒有做好，或
沒有預備自己，儘管那些資源來到，我們最終也不會做得好」。她
知道廣華醫院有自身不足之處，如地方比較狹窄，但病人數目多，
挑戰性高，「如果我們能做到和其他某些醫院一樣，我們的成功感
會很大」。

至於醫院用作培訓和教育的資源，是撥給各部門主管一筆錢作
自行分配，但很多時候大部分資源會放在送醫生到外國培訓上，留給
護士的相對很少，除非是一些很重要的服務發展，否則很難有機會。
於是岑素圓嘗試預留一些預算去支援，並成功申請東華三院的資助用
作護士培訓基金。

她還想辦法去開源，就是當大學的護士學生到醫院實習時，收
取作為帶教老師的費用，讓大學不用再派他們的職員來指導學生。岑
素圓說「這是雙贏方案」，得來的錢分配給部門去找人當兼職，餘下
的做培訓基金，「那時大家都很高興」。

關顧新人的傳承

舊人之外，她亦關注 2002 年所有護士學校關閉後，如何令大學
畢業生能盡快融入醫院的工作環境中。「大學生是用學生身份去理解
護理工作，而護士學校的學生從第一天起便在醫院，用直接和病人接
觸的方式了解護理，是有分別的」。所以除了舉辦很多迎新活動外，

2006 年岑姑娘（中）與助產士　　　2011 年岑姑娘（中）與海外專家於「臻深護理課程」
持續護理小組成員合照　　　　　　畢業禮上合照，左二為廣華醫院行政總監鄧燦洪醫生。

亦會在新人入職的半年內，派一個導師給他，並收集他們關於工作上的問題，然後設計培訓課程支援，並多在上班時候進行，「因為他們下班後已經很疲倦」。

　　其實難題又豈是新手護士才面對，早在岑素圓剛接任護理總經理時，她就要面對一個挑戰，就是關於廣華醫院重建事宜。重建計劃於 2008 年獲政府初步批准，前期準備工作如箭在弦，岑素圓坦言最初也是滿腦子問題，後來想到去外地考察，汲取別人的經驗，並成功向東華三院爭取資源。2009 年由她負責帶隊赴澳洲考察，成員當中包括應屆的東華三院董事局主席，對她來說，整個旅程必須考慮周詳，「不可有閃失」，幸好最後亦為團隊帶來不少啟發。

專業是一生一世

　　2013 年，岑素圓調任九龍東聯網和聯合醫院的護理總經理。在廣華醫院的 16 年間，無論在哪一個崗位，她都強調護士要不斷充實自己，「就像別人所說的十年磨一劍，而我們的劍是天天都磨的」，背後反映她對護理工作的看法，「我不會稱護士為一個行業，我會稱它為專業，專業是一生一世的事」。

　　她認為專業要順應時代的發展，「護士如果要專業化，單純在醫院裡的護士學校訓練是不足夠的，所以我很支持大學化」，因此岑素圓亦在大學講學，她對學生說，「你能夠幫助病人好生、好病、好死，這就是我們做護理、做醫療最大的內心承擔」，儘管不易為，但「你的人生會很豐富」。

　　2018 年 8 月 7 日，岑素圓於退休休假的前一天入院，同日做了一個緊急大手術，之後再經歷一個半年很辛苦的療程，日子難過得要命。回想起來，她只說她的使命沒有隨退休而結束，「當自己在病人的位置，就明白到醫院每一個崗位的人，都可以令病人有一個愉快的經歷，讓病人再向前走，完善別人的人生」。

2009 年岑姑娘（第一排左四）帶隊到澳洲考察時留影

第六章

精英薈萃：
部門發展與起飛

整理：馬少萍

貼近前線並肩作戰

鄭肖珍　前廣華醫院內科及老人科部門運作經理

訪談日期	2021 年 8 月 31 日
訪談學生	潘俊昂、麥詩韻 / 香港浸會大學 楊羲源、林卓希 / 何明華會督銀禧中學

　　在鄭肖珍 40 年的護理生涯中，2003 年的沙士可算是一場硬仗，因為她負責的內科及老人科是主戰場，接收和照顧沙士病人，幸而最終憑着整個團隊的努力，成功把關守護病人。她相信這一切都是累積得來的成果，「平時的培訓很重要，養兵千日，用在一朝」，她自己就是由踏進護士學校開始，一步一步地走過來，然後做好管理工作，達致上行下效，並肩跨過考驗。

理解前線需要

　　作為部門的管理層，回想那段日子，鄭肖珍深感溝通的重要性。那時外間流傳醫院保護物資不足，恰巧某次負責派發物資的同事，因見當天是星期五且時間已晚，翌日又是星期六，心想同事手上的物資還足夠用幾天，於是決定星期一才作補給。這就引起前線同事不安，並在星期日傳真信息到醫院管理局的《抗炎日訊》，投訴缺乏保護物資。「在這些忙亂的日子，消息一定要清晰，不要想着同事會知道的就不向他們解說，並且要及時制止謠言。」

　　部門還成立了糾察隊，負責指導同事如何穿戴保護衣物，彼此交換及更新疫情消息。雖然糾察隊會在每天下午的簡短例會中匯報病房情況，但是鄭肖珍有時還是會到病房視察，「我們不能閉門造車，而是走到前線了解實際情況，這樣才能夠看到同事們的需要和情緒。」有次她到病房，得悉保護衣的級別未達標準要求，相信是在貯

1974 年鄭姑娘（第一排右四）與同學於學校天台合照

存倉提貨時弄錯了，同事們正在埋怨為何連基本的保護衣也沒有！鄭肖珍立即着病房主管跟倉務部協調，更換合規格的保護衣，並且安撫同事們的不滿情緒，「因為當時前線不知道詳情，只會以為管理層這麼隨便和輕視他們的安危」。

鄭肖珍認為要抗疫成功，必須上下一心，「當一個浪沖過來，如果我們是一盤散沙的話，便會被沖走了」。她相信「這一切都是平時累積的基本功，不是臨危一刻才打算將程序做好，而是在任何情況之下都有達標的表現」。

這個準備，也許由她入讀護士學校便開始。

宿舍生活培養團隊精神

鄭肖珍出身女校，不少學姐都投身護理行業，所以中學畢業後她也走上同一條路，1974 年入讀廣華醫院護士學校。

「我記得當時有些同學來自東華三院學校，她們每一位都很開朗，而我是來自比較傳統、學業壓力大的女校，性格上要跟大家慢慢

磨合」。結果她非常享受那三年的護士培訓和宿舍生活，「與一班同學同起居同學習，生活過得太開心，曾經一個月沒有回家，最後家人帶着湯水來宿舍找我」。團隊合作的種子，就在此悄悄撒下。

　　不過學習的日子可不是輕鬆的，因為在醫院實習容不下馬虎。鄭肖珍有次交更清點儀器時，犯了個大錯，看到在針嘴收集盒內多了一支長針嘴，卻沒有查正來源，亦沒有向上司報告，險些令整個抽取脊髓液的儀器包不能再用，事後她被護士長連續教訓了兩天。那時年輕的她表面上認為沒什麼大不了，但是心底卻記着以後做事要謹慎。

　　到了差不多準備考畢業試的時候，某天老師跟同學們說：「我們做的事是否對得起病人，就只有我們自己知道。」因為醫院不可能全天候監督每一個人工作，所以護士做事其實可以很隨便，若簡化了中間的護理程序是沒有人知道的。鄭肖珍說當時所有同學都定睛望着老師，覺得那是很重要的提醒。「做事認真的確是我們對自己的要求」，這也暗地成為鄭肖珍對自己的期許。

2014 年鄭姑娘（右）與同事於
東華三院文物館前合照

2013 年 5 月 25 日，鄭姑娘（第二排左四）於內科及老人科周年聚餐與同事合照。

隨時應付突發事件

　　畢業後的 1980 年代，鄭肖珍主要在外科病房工作。有一晚午夜時分，病房接收了一位在廟街被人斬傷的 20 多歲男子，「他的雙手包紮得像木乃伊般」，經醫生診斷後要安排做手術，由於手術時間不確定，家人叫嚷着要轉病人去私家醫院，其時鄭肖珍只帶着兩位護士學生當值，要安排人手護送病人着實有難度。

　　「我們不能讓病人一走了之」。她一方面提示家屬要聯絡私家醫生接收病人，另一方面請示上級要為病人安排救護車接送，亦與救護員協商，在病人情況穩定之下，不會有護士隨車護送，但會為病人保留靜脈導管，以備不時之需。折騰了一晚，最後「家屬滿意，病人也安全送抵私家醫院」，這讓她意識到護士在護理之外，亦要靈巧解決突發問題。

自我增值與時並進

　　1994 年鄭肖珍升任內科及老人科部門的護士長，要到不同的病房工作。可不是所有人都喜歡這種安排，認為缺乏歸屬感，她卻覺得可以藉此向不同病房經理取經。事實上早在 1990 年至 1993 年，她被委任為臨床評核員時，已開始認識不同部門的同事，理解不同病房的運作，這一切都有助她於 1997 年出任部門運作經理時，「會明白各方的難處，並了解各方的要求」，讓整體管理更加暢順。

　　隨着醫療科技的發展，內科開始有較仔細的專科，如心臟科、呼吸科等，「病人的照顧更加專業化」，而專科之間，如中風科及心臟科、心臟科與腎科等都有關聯，不同專科亦需要連結和溝通。面對日新月異的知識和科技，鄭肖珍坦言「我真的不是什麼都已經學會，不過閱歷較多，因為保送出外學習的護士，在修畢課程後要交一份學習報告，以及協助部門製作護理程序指引，我便從中增長了知識。」

　　猶記起在病房工作時學習使用新型呼吸機，鄭肖珍會帶說明書回家細看，「這主要靠自身的學習自主性」。她說部門有些病房經理都是這樣做，臨床同事更會比拼實習使用新儀器，形成很好的學習風氣。

面對改革迎難而上

　　鄭肖珍指出一旦管理上涉及改革就容易出現問題，早在她就讀護理學系高年級時，便有學習如何去管理改革。她說只要有一兩把反對的聲音，改革便變得困難，就如初期設立「出院護理摘要表」時，因為早已有醫生的「出院摘要」，於是有護士質疑為何要重複。鄭肖珍解釋醫生的摘要主要是填寫病症、藥物和檢查等，既用英文書寫，也有專業名詞，而護士那份則是關於病人的狀況和基本的照顧，有助家屬和老人院照顧病人。「當時推動的策略是逐個病房實行」，又在摘要表格的設計上簡化工序，只需要在合適的項目加「✓」，不太要求書寫，「可見改革需要一個過渡期」。

　　2014 年退下來的鄭肖珍，一直恪守「護理標準是不可以降低的」，認為護士必須對自己有要求並且努力提升專業知識；她勸勉有志加入護士行列的年輕人，不要以為在大學已學會足夠的知識便可以了，「理論有很多套，可是應用在臨床上又是另一回事了；徒有理論是不行的，而是要看實際情況因事制宜」，總先要在護理專業紮好根基，才會得到別人的認同。

我們毋須偉大

李志文　廣華醫院內科及老人科病房經理

訪談日期	2021 年 8 月 14 日
訪談學生	汪意玲、吳浩然 / 香港浸會大學 莊伊雯、陳桓禧 / 何明華會督銀禧中學

　　李志文 2003 年接收內科及老人科病房第一名沙士病人時，憑着呼吸科的知識將他隔離，避過一場爆發。17 年後當新冠病毒再次肆虐時，內科病房依然是高危的地方，他繼續履行自己的職責，與同事一起守護病人。隨着近年醫護流失率提高，他期望更多人能夠加入護士行列，並寄語新人不忘初心，「想想為何自己想做護士」，承擔工作的責任。

一個明智決定

　　2003 年 2 月 28 日，下午值班的李志文收到急症室的電話，讓他準備接收一名病人，並告訴他病人的親戚也感染了不明原因的肺炎，早幾天已經送入深切治療部，情況愈來愈差，提醒他們作出提防。那刻他其實什麼都不知道，「利用有限的呼吸科知識和在護士學校的防疫訓練」，當下做了一個決定，安排病人入住一間獨立病房，「亦即是所謂的隔離病房，當時房間只是有一把抽氣扇」，那時醫院尚未有正規的傳染病隔離病房，「就當他患有空氣傳染疾病去處理」。

　　後來歷史告訴我們，這決定讓病房避過一場爆發。至於那位留院深切治療部的病人，是香港首位沙士病人劉劍倫教授；而李志文接收的，是他的妹夫。

1992 年護士學生時期的李志文（第一排左一）與同屆同學及老師合照

職責就是照顧病人

　　他慶幸自己當年沒有受感染，回想最初面對這不知名的疾病時，「我們連 N95 口罩都沒有」，也沒有即棄的保護衣，只帶着普通的紙口罩和重用的布袍替病人護理。每次進入隔離病房前，「都會吸一大口氣」，盡量閉氣工作，腦海只有一個念頭，「既然他是我的病人，我就要負責他的一切護理工作」，無論什麼情況下，都要照顧病人，「這是我們的職責」。

　　這個認知由他入讀廣華醫院護士學校時孕育，差不多 30 年後的今天依然堅守着，只是在危難時才特別顯眼，一如他跟新入職的同事說：「你選擇了這個職業，並非需要你很偉大，但你選擇了，便應該負上應負的責任。」

隨着歷練成長

　　李志文年輕時其實沒想過當護士，中學畢業後當了數個月文員，感到非常沉悶，剛巧女朋友考進護士學校，也鼓勵他報讀，就這樣於 1992 年入行了。相較 1970、80 年代入讀的男生，「在那時男護士不算是有特別優勢，因為之前已有很多男生投身護理行業」。

剛畢業便在兒科深切治療部工作，第二年轉了去內科，其間曾遇到一個觸動他的情景，令他至今亦難以忘懷：一個氣促得十分厲害的末期病人，在派藥時捉着他的手，「叫我不要離開他」，李志文知道對方已沒有任何方法醫治，只能用藥物紓緩症狀，「他告訴我很辛苦，但又不想死」，他就站在那裡陪伴及安慰病人，病人很感激他，數小時後便離世。

病房裡的生死，讓他很早便明白工作時應有的態度，只要真心關懷和照顧病人，他們是感受到的，「有些事情真的不能逆轉，就只能盡力去做，亦可減輕病人所受的痛苦」。

工作與時並進

李志文之後一直都在內科病房工作，他說這麼多年來，病人入院多是氣促和心臟病，但是治療方法則逐步改變。以前病人氣促，一般只能用藥物紓緩，若呼吸衰竭便要插喉及接駁呼吸機幫助呼吸。只是早期的呼吸機數量不多，主要在深切治療部使用，病房裡只得一至兩部。由於當年沒有儀器的幫助，死亡率較現在高得多。但後來發明了非入侵性呼吸機，「只需為病人帶好面罩，呼吸機就會泵氣給病人協助呼吸，不用插喉，感覺舒服得多」。

這些不斷推陳出新的儀器，也大大提升了氣促病人的生活質素，以往他們只能睡在床上，靠氧氣和藥物過日子，今天的病人卻能夠背着氧氣機於街上活動，護士也會教導病人如何在氣促時作出適當的處理。「醫生為病人提供治療處方後，如何再去跟從處方及護理，就要靠我們去教育他們」。現時護士的工作已經伸延至病房以外，變得更多元化，提供更多的服務。

另一方面，李志文亦察覺市民的健康意識愈來愈高，在聆聽護士指導的同時，要求亦相應提高，在相互影響下，護理人員也要與時並進，「為何我們一直進修？因為科技和資訊愈來愈日新月異，若我們不進修，便不曉得有新的護理方法及作出更好的改進」。

專科派上用場

　　為了提升護理質素和水平，醫院管理局在 1995 年成立護理深造學院，提供不同科目課程供護理人員進修，向專科方向發展。李志文亦於 2000 年完成呼吸科護理專科課程，沒想到三年後就派上用場。沙士初期他在病房工作，後來去了呼吸科中心幫忙協調，安排隔離新接收的病人。其他同事需要輪班，他工作時間名義上是朝九晚五，「但七、八點便回到醫院，預備當天有什麼要整理，一做就是到晚上九點、十點才收工」，有時睡了也會接到同事的電話查詢。

　　「那段時間是忙碌，是緊張，但我們不亂」。不過，李志文也有過責怪病人的時候。由於淘大花園是高風險地區，若病人的住址是來自淘大花園，便會編排在同一病房，不會混入其他病人，豈料有一位淘大病人報了另一個地址，李志文將他安排在其他隔離病房，結果感染了同房兩名病人，他知道後曾激動得大聲責問：「你知不知道會連累其他人？！」

臨床護理重要

　　今天李志文負責的病房轉換成監察病房，負責接收懷疑新冠肺炎個案。一旦確診便會轉去確診病房。他認為疫情會有終結的一天，但面對人口老化的問題，內科及老人科病房卻首當其衝。醫療發展能延長病人的生命，「卻不能完全康復，有些更只能臥在床上」，但又沒有足夠的療養院或院舍接收，致使病房愈來愈擠逼；加上服務範圍擴大，工作量增多，人手的增幅追不上工作量的增幅。他說幸好有輔助的工具，「科技的出現能夠減輕我們的工作量，若然沒有科技，都不知怎麼辦」。

　　不過，李志文強調無論科技怎樣日新月異，護士的基本護理操作一定要做得好，在他的理念中，「護士最主要是護理病人的日常需要和提高舒適度，使病人盡快康復」，基本如餵藥、幫助病人轉換臥姿、清理傷口等，若護理不好，便會影響病人康復的進度。他舉例，

2011 年李志文（第一排左四）與同事
參加廣華醫院百周年活動

2016 年李志文出席護士宿舍拆卸前的
護士學校畢業生聚會，與女同事穿回
學生制服合照。

中風病人有時會發燒，全身出汗，若只處理他的中風，只給藥、做運動、教他走路，卻沒注重日常護理，例如定時轉換臥姿及保持身體清潔乾爽，便會容易產生褥瘡，「醫好了一樣，卻產生另一樣問題」。

　　所以他希望入行的新人，不要以為學到了一些先進的知識，便忽略基本的臨床護理。「護士最重要的是什麼？是護理」。他看到不少初入職的新一代，認為有些事務，如換尿片，是由病房助理負責，自己不用理會，「但我需要告訴他們，換尿片並不簡單，因為當中涉及觀察病人狀況及需要」，以前病房沒有助理，全部都需要護士一手一腳去處理，需要查問病人身體有否不適，有沒有其他問題，現在助理即使完成程序，也未必能夠匯報病人的皮膚狀況，所以護士都需要留意，「這是責任問題，做護士的責任感真的很重要」。

　　近年護士的流失率提高，李志文鼓勵更多男士加入，認為在照顧男病人方面會方便一點。至於揀選什麼科別則按個人性格和喜好，以他的經驗，若入內科就要有刻苦耐勞的精神，因為病人多，工作量大，不過亦由於有不同種類的病人，工作其實很有挑戰性及滿足感。

獨立自主精神

余愛霞　前廣華醫院外科部門運作經理

訪談日期	2021 年 7 月 28 日
訪談學生	汪意玲、吳浩然 / 香港浸會大學 李凱晴、黃晞由 / 何明華會督銀禧中學

　　余愛霞自小就希望能獨立不需要依賴別人，「但怎樣獨立？惟有是找一份專業的工作」。1971 年，她入讀廣華醫院護士學校，學生時代開始參與師姐發起的工運，看着東華三院護士如何在堅守崗位中追求公平看待；另一方面，她亦由護士學生一直做到工運結束後再至部門運作經理，見證外科部門 40 年的變遷及如何與香港社會一起成長。

爭取同工同酬

　　東華三院護士於 1970 年代發起工運，成立東華三院護理人員會，向政府爭取與政府醫院護士同一待遇，余愛霞說當年畢業的師姐們所持的理據，是「我們考同一個試，拿同一張註冊證，做同一份工作，都是註冊護士，為何我們的薪金待遇會比其他人少？」作為補助醫院的東華三院，其時的薪酬較政府醫院少 5%。

　　她很認同這個方向，「所以當我們的師姐、前輩說一起爭取吧，就加入了」，並跟着她們透過貼大字報、到港督府請願、約見東華三院董事局等和平手段表達訴求。1972 年 6 月 18 日，在預備發起靜坐抗議前夕，旭龢道發生山泥傾瀉，工運上層決定取消靜坐返回工作崗位；不久政府宣佈接納同工同酬的要求。

　　「這是我們工運的開始」，原來廣華醫院早在 1970 年代，一間原本有 60、70 張床的病房，會加開帆布床至 80 多人，「病人經常不夠衣物床單替換」，日更只有兩名註冊護士和四名護士學生，加上沒有

約 1972 年余姑娘（左）與同學在護士學校前合照

1995 年，當時是外科護士的余姑娘（右二）到英國劍橋日間手術中心觀摩時留影

實習醫生，在工作量大但人手緊絀下，「我們的工運以自救為主，令情況不要愈來愈差」。

　　工會繼續爭取相同待遇——每週工作 44 小時、年假、退休福利等；至 1989 年發起「八不行動」——不執行八項非護理工作，如病房庶務、抄寫病人出入院紀錄，「將時間留作照料病人」；另不作某些醫療程序，如抽血、靜脈穿刺、拆除深入體內引流等工作，交回醫生處理。最後工會與董事局達成協議，引入病室庶務員、健康服務助理、抽血員等職系，問題逐一解決。在這漫長的爭取過程中，余愛霞說護士一直秉持「利用非上班時間參與，以不影響病人為原則」。

手術後導致輕生或訴訟

　　從護士學校畢業後，余愛霞被派往東華三院黃大仙護養院，1977 年調至廣華醫院，之後主要在外科病房工作。她說 1970、80 年代的外科分成 A 和 B 兩組，A 組由香港大學負責，派遣教授和高級醫生來巡房，B 組則是廣華醫院的醫生。病人入院後，醫生會做初步檢查，第二天教授巡房時，再決定要做什麼手術，之後護士排期、作術前檢查和術前預備。病人入院至手術，一般需時三至四天。

　　不過當年主診醫生在手術前向病人的講解較單向，只說要做手

術，便請病人簽同意書，病人多不理解手術後情況，如女士乳房有一個腫塊，麻醉後作冷凍切片組織檢查，若不幸是惡性的，便會立刻切除整個乳房，病人醒來發現後果，「那個心理影響有多大，真的可想而知」。

余愛霞有一個病人，是一位患有直腸癌的壯年男士，做了結腸造口手術，因肛門已經在手術期間除去了，腹部留有一個永久的排便造口，那位病人最後抵受不了而輕生。那時手術後輕生或訴訟等情況時有發生。

早期手術是一件大事，康復時間較長，手術後不能進食，要插胃喉、尿喉、傷口引流等，病人家屬會以檸檬片給病人聞。事實上當時健康教育做得不足，「很多人顧着工作謀生而延誤求醫，到真的看醫生時，病情就比較嚴重」。

九十年代新氣象

1991 年東華三院讓屬下五間醫院加入醫院管理局，廣華醫院外科的 A 組和 B 組合併由一個部門主管統籌，轄下發展四個專科，包括血管外科、泌尿外科、乳房及整形外科、腸胃外科等，醫院按不同專科培訓醫生和護士。其時政府開始透過醫院管理局每年撥款給醫院，由醫院再分配至不同部門。對比過往由全院統籌資源，變成稍為下放給各部門自行運用，「雖然少，但起碼有錢購買一些新的儀器」，所以當余愛霞升任管理層時，就購入了電子血壓計及減壓床褥等，協助護理工作。

1994 年外科部門主管帶同醫護小組到英國觀摩學習，除了參觀當地的日間手術中心外，亦帶回數十款手術資訊單張，部門其後自行翻譯整理，於手術前、簽同意書時給病人看，圖文並列講解手術風險和術後情況等。2005 年醫院管理局實施「知情同意」政策，這些單張變成不可或缺的資訊，反映外科部門的先行角色。

照顧病人身心靈需要

隨着醫院管理局於 1990 年代引進專科護士職系，護士朝向專業發展，余愛霞以造口手術為例，造口護士早在手術前便開始跟病人溝通，先讓病人在心理上較易接受，之後還有手術後傷口的護理，「看病人的日常習慣，預先在病人肚皮畫上位置，教病人怎樣照顧造口」。這一切都需要培訓，歐美均有專業的造口護士課程。

專科護士還扮演倡導的角色，如乳病專科護士會向病人詳細解釋和引導她們如何下決定，「一路帶領病人面對術後身體殘缺、化療和電療各種情況，讓她們不用那麼無助」。其他的還有泌尿科專科護士、燒傷及整形外科專科護士等，各自都在自己領域中鑽研，為病人謀求最佳福祉。

護士角色的轉變

余愛霞回想自己最初在病房工作時，「像廉價勞工般照顧病人」，而隨着時代的轉變和醫療服務發展，護士的角色除了護理照顧外，更需要扮演心理輔導、教導、協調、統籌等角色。2000 年間，外科開設不同的診療中心，讓病人可以一站式進行不同治療、檢查、安排手術、進行術前評核、輔導等，日間中心大大縮減病人輪候檢查及住院時間，這都要護士做好相關的角色。

面對角色的轉型，護士不能只是單單跟從醫生的指示，而要有獨立的思考訓練，余愛霞坦言她讀書的年代沒有這方面的栽培，但隨着經驗累積慢慢領悟出來，她說專科護士有時比新手醫生更懂應對，「有問題我們會跟醫生提出，不可能醫生說什麼就照做」。

事實上余愛霞早已向此進發，當年她照顧一位飲殺蟲水的婆婆，婆婆自殺不成，卻導致會陰、腹股溝、肛門周圍大面積紅損、潰爛，醫生診視後只是處方更換敷料，但如何處理傷口卻令她費煞思量，最後決定為婆婆洗澡——徹底清洗後，再用無菌水沖洗，最後在傷患地方灑上適透膜粉（或稱「造口粉」），在皮膚上形成薄膜保

2012 年余姑娘（中）與各職級護士合照

護，並持續每天這樣做，令傷區範圍日漸縮小。

「這經歷讓我察覺，護士角色不僅是遵醫囑的被動執行者，而是需要獨立思考，按病人情況，度身訂做適切的護理計劃」。

總結

今天，只有小部分大型外科手術需於手術前一至兩天入院作預備，其他手術可以是「日間手術」——上午入院，做手術，下午出院；「同日手術」——上午入院，做手術，手術後留院照顧等模式；林林總總的術前檢查、輔導，大多於門診、日間中心由護士協調執行，以減少病人住院日數。她認為香港醫療體系以治療為本，基層醫療、紓緩治療等不需住院的服務仍有待加強，護士們也應關注高齡化社會需求，兼顧年長病人的需要，如特定的溝通和輔導技巧，提升長者生活質素，減少住院需求、減輕醫療體系的負擔。

儘管護士的工作不斷發展，余愛霞相信有一項原則沒有改變，就是「護理是面對生命的專業，最大的責任是照顧病人身、心，確保病人安全」。

為病人打拼

郭麗燕　前廣華醫院深切治療部病房經理

訪談日期	2021 年 8 月 30 日
訪談學生	汪意玲、吳浩然 / 香港浸會大學 謝昕桐、姚迦祈 / 協恩中學

　　郭麗燕於 1970 年代以護士學生身份第一次進入廣華醫院深切治療部，「覺得那裡很寬敞明亮」，而且充滿挑戰性，「希望日後可以留在這裡工作」，最後如願以償，自 1979 年至 2013 年都在深切治療病房照顧危重病人，在搶救生命外，亦讓她對自身專業有另一重體會，「如果病人已經無機會康復，我們能夠陪伴他，讓他有尊嚴地去世，也是我們其中一個職責」。

醫療新創設

　　1965 年廣華醫院完成重建工程，提供了空間和資源擴展專科醫療，並於 1968 年成立了深切治療部，是全港首批投入服務的深切治療部，東華三院特此派出護士到英國受訓。1972 年入讀廣華醫院護士學校的郭麗燕，在學期間曾被安排到深切治療部學習，「當時進去大概是兩個星期，其實真的只是純觀摩，因為當時的病症我們是幫不了什麼忙的」。

　　跟他人想像中神秘又冰冷、滿佈儀器的深切治療病房不同，郭麗燕第一印象是個窗明几淨的好地方。原來當時位於東翼五樓的病房有很多窗，往外看就是對面九龍華仁書院的大草地，感覺很明亮，而且「整個病房很整潔」。那時她看到的病症也很複雜，暗忖「那是一個很值得我將來學習的地方」。

　　事實上深切治療部最早期的設計已經有治療室、儀器室，還

有只供部門專用的 X 光設備和化驗室，亦有一間很大的休息室供員工使用。

護士學校畢業後，郭麗燕再去修讀助產士課程，之後被派去東華三院黃大仙護養院，1979 年進入廣華醫院深切治療部工作，直至2013 年退休。打從第一天起，「每日接觸複雜的個案，上班真的不知道會面對什麼情況」，當中大多數病人是多種器官衰竭，需要很嚴謹的監護和複雜的治療。34 年的歷練讓她深切體會「在深切治療部工作真的要充滿拼搏精神」，並感激當年的前輩處事既嚴謹又很有拼勁，「很願意教導我們這些後輩」。

部門主管由麻醉科兼任

郭麗燕記得在 1970、80 年代，深切治療部有 18 張病床，其中 6張是心臟科的加護病床，其餘 12 張是用來收外科、內科、骨科、腦科、兒科、婦產科，「所有這些病症都有」。當這些科別的醫生覺得病人需要進入深切治療部接受治療，就會聯絡深切治療部的醫生。當

1972 年郭姑娘（第三排左二）與同學合照

年部門的主管醫生由麻醉科兼任，各個科別的病人由自己本科的醫生負責醫治，麻醉科醫生主要專注在呼吸系統的治療和呼吸機的調控。

直到 1996 年 12 月，廣華醫院聘請了一位深切治療部專科醫生作為主管，直接管理和負責病人的治療，自此成為一個獨立的部門，有自己獨立的團隊，郭麗燕認為這是一個非常大的進步，「可以訂立一個全面、有連貫性和有系統的治療方案，造福病人」。

護理工作絕不簡單

在深切治療部的都是危重病人，護士透過儀器 24 小時全程監察病人的情況，如進行血液透析和持續性腎科治療，由醫生為病人插入導管，訂定透析方案後，整個透析過程由護士操作；而正在用呼吸機的病人，「你如何去解讀呼吸機顯示出來的讀數？在監察儀顯示出來的波形和數字是代表什麼？」這些都是護士的工作，「然後推斷病人可能發生的狀況，要在適切的時間採取適當的護理行動或通知醫生給予治療方案，令病人的病情穩定下來和改善」。

郭麗燕說深切治療部病房還有一些我們想像不到的工作，原來當中的病人很多都沒有意識，如一些正使用呼吸機的，為了令插喉的病人不用那麼辛苦，需要用鎮靜劑讓他們進入睡眠狀態。在他們沒有自主能力時，簡單如刷牙、洗頭、洗澡都需要護士幫忙。這些從護士學校學到的基本護理知識，看起來很簡單，其實能對病人起極大的幫助，只是在病房操作時，要有特別技巧加上特別設計；又或是每兩小時替身上插滿喉管和維生儀器的病人轉身，以防生褥瘡，處理時都要非常謹慎小心，確保病人安全。

沙士時果斷決定

2003 年 2 月 22 日，星期六，廣華醫院急症室接收了一名來自內地的醫生，由於呼吸衰竭或需要插喉用呼吸機，所以直接送去深切治療部，部門主管屈志亮醫生早聞內地疫情，遂將病人安放在深切治療

部唯一的負壓隔離病房。當晚郭麗燕當值，病人情況惡化，需要插喉，當時已升任護士長亦是專科護士的她當下決定，「只需要當值醫生、病人的專責護士和負責支援的我在場，其他同事都撤離隔離病房」，希望「將同事被傳染的機率減到最低」。病人正是全港首名沙士患者劉劍倫教授，疫情最終也沒有在廣華醫院爆發。

其後深切治療部一直照顧沙士病人，屬高危地方，但內部卻沒有恐慌，郭麗燕說「同事關係很好，大家互相信任」，她記得那時有幾位已懷孕的同事，並沒有要求調出，仍然繼續在部門上班，「因為她們相信我們，覺得部門的安全性更高」。

讓病人安詳離世

深切治療部接收病人的判斷，「其實都是基於一個準則，就是是否『不可逆轉』，例如末期癌症的病人，癌細胞已經擴散到多個器官，無論如何治療都不會令他痊癒，就是『不可逆轉』，我們便不會接收，所以深切治療部是治療一些病情可以逆轉的病人」。

但始終有病人經過搶救或者多重治療後，出現多個器官衰竭，實在無力挽救，而家人「只看見病人很平靜地睡在病床上，身上很多喉管和儀器」，認為還有希望，堅持搶救。這時醫護就會盡量用家屬能夠理解的言語，耐心解釋病情，希望家人明白，願意「最後讓病人安詳離世，不再做一些創傷性的治療」。郭麗燕在部門工作了這麼多年，明白「一些無意義的治療，其實只是延長病人的痛苦」，她認為在普遍覺得「長壽是福」的中國人文化中，「讓病人可以安詳離世，這也是我們作為一個醫護人員能夠做到的一件很重要的事」。

人生無常 活出美善

見證過眾多生死中，郭麗燕曾經照顧一名產婦，因為產後併發嚴重出血，在深切治療部極力搶救下輸了很多、很多血，惜最終不治。「我看着那位年輕的丈夫，我想他之前在送太太進來生產時，

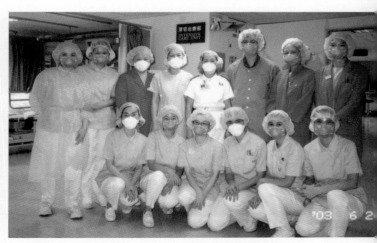

1980 年代郭姑娘（第二排右一）　　2003 年郭姑娘（第二排右二）與同事攝於深切治療部
與深切治療部同事合照

是想着會迎接一個小生命，開展愉快的人生」，怎料在 24 小時內，經歷的卻是太太的死亡，使她非常感觸，「從極喜到極悲，人生就是如此」。

　　生命如此脆弱，所以當有病人被懷疑腦幹死亡，需要深切治療部做測試證明，而家人願意在病人死後捐出器官，郭麗燕都非常感動，因為這些病人很多時都是因交通意外、工業意外、突發腦中風等原因導致腦幹死亡，「家人本來已經很難接受，還要考慮捐出器官，真是不能想像有多麼痛苦」。但她知道這些捐出的器官，「真的會改變很多、很多人的生命」，希望社會今後對於器官捐贈有更加確切的認識，使更多人得到幫助。

　　從護士學校學習基本的護理開始，隨着工作的需要不斷進修，「其實我從畢業到退休，基本上沒有中斷過讀書」，她解釋並不是為了免受淘汰，「而是令自己可以做得更好，貢獻更多」，一切只為更鞏固自己要成為護士的原因──「我的初心從來沒有變過，就是幫助病人」。

不要「手術成功　病人失敗」

胡美珍　廣華醫院神經外科部門運作經理

訪談日期	2021 年 9 月 9 日
訪談學生	夏鎵烯、李曉俊 / 香港浸會大學

　　胡美珍 1992 年完成助產士課程後被派到神經外科工作，從熱鬧的產房跳到截然不同的病房，她是緊張的，「因為護士學校教的只有普通科護理，但神經外科卻是比較深奧的專科」。1986 年入讀廣華醫院護士學校的青澀學生，今天已帶領着護理團隊為病人提供全人照顧，期望在運用尖端科技之餘，亦為病人和家屬帶來溫暖及令患者早日康復。

學徒制方式培訓

　　廣華醫院神經外科於 1968 年成立，胡美珍記得自己 1992 年初進去時，神經外科只有一間病房，前面是普通病房，後面放了幾張床，「就是高度護理病房」。先由資深的護士教導一般神經外科的護理，做了一段時間後，學習處理較為嚴重的病人，「這些病人通常會倚賴呼吸機，伴隨着身上插有很多喉管」。

　　工作了兩年，因為想到神經外科手術後可能會併發身體不同疾病，胡美珍便報讀葛量洪醫院主辦的心胸外科和深切治療訓練。她獲取錄後到葛量洪醫院學習，半年後歸隊，被派往在高度護理病房帶領新人。

身心創傷大

神經外科涉及錯綜複雜的神經系統，病人主要分外傷和內傷。

1993 年胡姑娘（後右一）與神經外科
同事合照

胡姑娘於東華三院文物館前留影

外傷的病人多是車禍或者意外撞傷頭部；內傷的病人通常是由血管阻
塞或破裂引起的腦缺血或出血，又或是腦神經的發炎或腦瘤的病變。
當腦部有病變的時候，出現頭痛、噁心、嘔吐、精神不振或難以入
睡，患者多半只會聯想到腸胃不適或工作壓力大，一般不會求診，
「因為腦科檢查最基本和最重要的就是腦掃描，可是一般人不會特
意去做」。

　　當腦出血無法預料及突然出現時，創傷也很大，因為腦部一旦
受損，「基本活動也可能會出現問題，難以自我照顧」。這些我們一
般稱為中風的病人，病發的年齡已經從老年下降至中年及青少年，
一旦病發，不但患者，連他們的家屬也很難接受，「沒有人想過一夜
之間，由清醒到昏迷，而且情況會變得如此不堪」，同時康復時間較
長，「這對病者家屬的心理承受能力和適應能力是一大考驗，他們會
很辛苦」。

　　所以對胡美珍來說，工作上要面對的，「除了照顧病人，病者家
屬的心理照顧也很重要」，所以部門會舉辦復康小組、哀傷輔導小組
等，教導護士除了向家屬交代病人的進展，亦要懂得表達關心家屬的
整體狀況，例如會問「先生出了事，家中的經濟如何？在照顧孩子方
面是否仍能應付？」並轉介相關之醫療服務。

全人照顧

在護理方面，會從各方面入手，包括以物理治療讓病人重新學習走路，職業治療協助日常活動，如刷牙、自行更衣、上洗手間的個人基本需要；又會有言語治療訓練學習說話；營養師則評估吞嚥情況，配以特別餐類；有需要時亦會轉介臨床心理輔導。護士在過程中扮演協調角色，「既是貼身照顧病人，亦從各方面觀察病人的進展」，並會每月進行復康會議，集合各專科審視病人進度，看哪方面有需要加強訓練。有時病人因為中風導致神經肌肉攣縮，適合者便會為他們注射肉毒桿菌毒素以減輕痛苦，以便他們可以做提拉的活動，讓手腳更靈活。這些治療每打一針約要花費港幣 3,000 元，部門會申請資助，希望可以幫到更多病人，「特別是年輕的一群」。

但因資源所限，不是每個病人都能得到密集的護理，只能選擇「一些康復機會率較大及年輕一點的患者」，其他病人的次數相較會少一點。胡美珍坦言嚴重中風的病人能夠恢復七、八成，並可出院及自我照顧已經是很好了。

清醒開顱手術

隨着科技的進步，以往腦內有病變就只有開腦，但現在有微創手術，頭部傷口較小，甚或不需開腦，用導管經血管清理血管阻塞或止血。以往治療要造成大面積傷口的手術，今天傷口變小了，康復時間也會快些，大大縮短住院期，可以騰出更多床位給有需要的病人。

當中更發展至一種叫做「清醒開顱術」，即是做手術時病人在某段時間是清醒的，聽來好像有點駭人，其實在廣華醫院已發展一段時間。面對這種開腦手術，病人的恐懼可想而知，於是護士會在手術前跟他溝通，帶他去手術室一趟，告訴他整個過程是怎麼一回事，冀望「理解多一點，恐懼少一點」。不過由於新冠疫情，病人不可以在醫院四處走動，胡美珍說部門為此製作了虛擬實境影像，讓病人戴上眼罩看到模擬影像，了解手術中情況。

　　手術進行時，需要受過特別訓練的神經外科護士，負責監察神經傳導的信息，「因為我們想保護病人腦內的功能區，我們不知道哪一刀切下去後，會否切到神經線，導致永久殘疾」。於是醫生做手術時護士會與病人溝通，如給他玩具握着（玩算盤）或給他卡牌閱讀，測試他的言語及活動能力，若發現有問題時，立即通知醫生留意及避開手術中的高風險區，讓醫生能專心做手術，不易分心，「盡量保存病者的身體機能」。

　　她說部門不想出現「手術成功，病人失敗」的情況，「成功取走腦瘤了，但連感覺及活動機能也取走了，這樣對病人來說是否最好的治療？不算吧！」

病房床邊頭上鑽孔

　　對腦科來說，準確的判斷和快速的治療非常重要，因為「腦細胞死了未必真的可以復原」，所以盡量取走腦內的病灶，減少病人腦缺氧和受壓的時間，復原會快很多，減低將來殘疾的機會。所以有所謂黃金幾多小時，醫生經腦掃描找出狀況，會盡快做手術。

　　在眾多緊急個案中，胡美珍最怕看見病人送來時是「瞳孔擴大」，她解釋「如果突然間腦出血得嚴重，某一邊的腦部，譬如右邊腦出血，那麼右邊眼的瞳孔會擴大」。這些情況下要盡快安排入手術室，但有時手術室已滿或來不及推入手術室，病人情況又危急，就要在病房床邊做「顱骨鑽孔」。此時醫護要切開病人皮膚、在頭上鑽孔，再插入導管，盡快引流積血積水來減低腦壓。胡美珍很怕這些個案，因為病房相當密集，突然要騰出空間，即時預備物品及人手協助為病人做手術，同事們的壓力會很大。

昏迷病人的尊嚴

　　胡美珍知道一切工作都是以病人為本，她亦相信病人即使昏迷，但聽覺是最後才消失的功能，所以在為病人護理時，抱着他能

聽見的心態，護士會盡量告訴病人正在做什麼。「我認為神經外科要
用這個態度照顧病人和家人，而非只是應對病況」，並教導新同事，
「不要認為病人不清醒就可以胡說八道，要令他們知道你是在為他服
務」。她說以前在可以探病的時段，儘管病房的工作很繁忙，護士都
會主動跟家屬傾談，教他們幫病人做運動，活動一下身體，相信這麼
一來相較只有護士幫助病人做運動，成果會更大，因為「家人的愛心
和接觸，使病人感覺到家人還是很愛惜自己，會想盡快康復」，這種
來自心理上的鼓勵及聯繫，對病人有很大的推動力。

　　在神經外科工作 30 年，胡美珍看着它發展至今天，成為全港七
個神經外科治療中心之一，然而腦科病變往往來得突然，提醒她要珍
惜當下。「人生呢，家人很重要，朋友也很重要，在各人都是健健康
康的時候，亦不要吝嗇向他們說，其實你是很愛及關心他們的」。

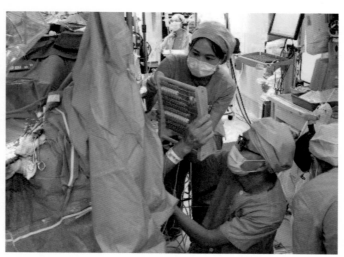

「清醒開顱術」進行時，護士會利用不同工具與病人保持溝通，以
實時測試病人腦部情況。

延續南丁格爾精神

俞麗芳　廣華醫院骨科部門運作經理

訪談日期	2021 年 8 月 12 日
訪談學生	潘俊昂、麥詩韻 / 香港浸會大學 蔡天欣、羅曉楠 / 協恩中學

　　俞麗芳這 30 年在骨科病房，看着入院病人如何反映社會的變化，骨科護理亦因時代進步，護士的角色亦多方面化；而作為管理層，她表示現今思維跟以往已不同，醫生跟護士不再是從屬關係，彼此是伙伴。但沒變的，是她一直恪守從護士學校傳承的南丁格爾精神，以此為護理專業的守則。

昔日病房龍蛇混雜

　　廣華醫院骨科成立於 1965 年，社會正值工業發展，但人們的安全意識很低，工傷意外頻繁，當中以上肢受傷居多。1976 年廣華醫院骨科榮譽顧問梁秉中醫生首創全港第一個成功駁回手腕的手術，為病人帶來突破。

　　俞麗芳 1992 年開始在骨科病房工作，當時經急症入院骨科病房者以工傷、意外創傷及老人性骨折為主，病人住院期較長，護理工作以預防壓瘡、提供日常一般護理為主，有較多體力操作的程序。糖尿足潰瘍亦是骨科病房經常處理的疾病。廣華醫院位於油麻地及旺角，間中亦有一些人因打架受傷入院，或癮君子因自行注射藥物引致皮膚出現膿腫，關節或脊柱感染而入院的情況。每到農曆新年時，部門就要嚴陣以待許多因另類工傷入院的病人，原來廣華醫院附近有很多燒臘店，一到大時大節需求很大，員工趕着斬雞或斬叉燒，最後連自己的手也奉上。

1992 年俞姑娘（左三）與同學在產科畢業禮合照

今天老人佔據病床

　　隨着環境的轉變，人們的安全意識已經提升了很多，今天廣華醫院已經很少因斷肢而被送到到骨科的病人，反倒是因為人口老化，多接收一些如膝蓋退化、髖關節骨折等病人。部門於 1992 年與老人科合作成立老人骨科醫療團隊，專門醫治這類病人，目的是為盡早診治老年病人的內科疾病及盡早為他們進行手術，以及安排手術後的復康計劃。近年部門主管黃淦剛醫生更大力推動老人骨科病預防工作，除了醫治骨折外，亦關注預防骨質疏鬆，為高風險病人定期評估，施行藥物，推行健康教育以減低再次發生骨折的可能性。

　　隨着時代進步，人均壽命增加，在骨科病房中，60 歲的病人也是屬於「年輕的一群」。俞麗芳回憶護理經歷中，曾協助為年齡超過100 歲的病人進行手術。究其原因，除了病人身體狀況外，當然也要歸功於醫療科技的發展。「麻醉的時間縮短，加上手術切口縮小，令病人的住院時間大幅下降，也能減少傷口感染的機會」。

　　就如過往的腰骨手術，在俞麗芳還是學生的時代，至少需要住院兩至三星期，是一個大手術；現時利用微創手術技巧，住院時間縮短至三、四天，術後第二天便能夠進行復康運動。醫療器材及護理用

2012 年俞姑娘（第一排左五）出席臨時香港護理專科學院成立典禮

品是重要的一環，有些手術後的敷料會用更好的物料，預防傷口發炎；之後更發展至 3D 立體打印技術，根據病人的身體尺寸製造骹位模型，提高手術的精準度。

結合中西治療

廣華醫院有悠長的中醫傳統，所以也有採用中西醫結合的治療方法醫治腰骨痛的病人，「我們會有西醫的化驗、X 光、物理治療，並會讓中醫去診斷和使用針灸、拔罐和中藥」。她說部門前主管王榮祥醫生更是透過兩者結合治療糖尿腳，因此培訓了一批專門負責糖尿腳的護士，「他們承接了治理傷口的技巧，減少病人需要進行斷肢手術」。

骨科病人需要協助活動，今天病房有不少輔助工具用以加強病人的舒適度，同時也可以減少工作人員因工受傷的機會，如過床板便能節省很多力氣。俞麗芳說早期沒有工具的時代，護士都很聰明，懂得利用現有床單包裹着病人的臀部，以同一原理移動病人。不過身材較矮小的護士，若要扶抱高大的病人始終較吃力，「但廣華醫院的精神很好，有難同當，一起面對所有困難」，這種團隊精神，背後自有它的底蘊。

宿舍生活建立廣華情

　　1986 年 5 月 4 日，星期日，俞麗芳早上九時提着她的行李，包括「兩對護士鞋、半打絲襪、幾個白色髮夾」，來到廣華醫院護士學校宿舍，預備翌日入學。舍監分配房間後舉行歡迎儀式，講解入學和入宿的情況。住在其他樓層的師姐，「敲門探訪，問我們有沒有什麼不明白」；到考試的時候，「師姐會送我們糖果，鼓勵我們」，師姐妹的感情就這樣建立起來。

　　在三年零三個月的宿舍生活裡，俞麗芳提到當年年少輕狂，宿舍不允許生火，她們就偷偷地煮食，當舍監突擊檢查時，「彼此間通風報信，馬上收拾房間」。但數十個女孩子一起相處自有它的難處，包括幾十人共用一個走廊電話，「大家都要學習如何包容、遷就對方、如何融合，這是一個很好的經歷」。

　　當年行學徒制，俞麗芳上課約幾個月後，就要到病房實習。第一次實習時要量血壓，用的是水銀血壓計，血壓讀數以大細聲表示，要用聽筒去聽。初時她聽得很慢，五分鐘才量了一兩個病人，被師姐責備後再教她一些技巧，「如水銀要泵到哪個高度，如何靈敏地聽大細聲，幫我解決了問題」。現時使用電子血壓計，自動顯示數據，準確度亦大大提升。

　　俞麗芳就在與同屆同學一起學習和師姐臨床的指導下，一步一步走過來，畢業後縱使彼此在廣華醫院不同的崗位上工作，關係依然密切。到 2003 年沙士時，骨科病房要「變陣」改為內科病房，雖然起初裝備不足，「大家也很齊心對抗沙士病毒，盡量不會請假」。

以愛心服侍病人

　　俞麗芳還提到剛進護士學校的時候，劉麗卿校長就跟她們說南丁格爾精神。對她來說，南丁格爾精神最主要在於「不論任何種族、疾病、貧窮與否或什麼種類的人，我們都是用同樣的心態、愛心去照顧每一位病人」。直至她畢業後每年的護士節，亦即是 5 月 12 日南

丁格爾的生日，廣華醫院都會再次宣讀南丁格爾精神，「讓我們謹記護士的精神」。

　　所以每當有新同事時，俞麗芳都會問對方為何要當護士？為什麼要選擇這份工作？叫他們必須緊記要有愛心照顧病人。「我常常提醒他們拉下布簾後，沒有人知道你在做什麼，你要順着自己的愛心去照顧病人，當他們是自己的家人來對待」。

醫護關係的改變

　　隨着時代的變更，護士角色亦有所轉變，昔日與醫生的關係是從屬，今天彼此是夥伴。曾有資深醫生教導新來的實習醫生或駐院醫生時，要他們謹記，「一是要與護士保持良好關係；二是找資深的護士解答問題」。俞麗芳說現時骨科部門的醫護關係密切，彼此尊重，互相幫忙，一起搭檔建立互信及團結的團隊。

2020 年 10 月俞姑娘（第二排右五）在骨科流感疫苗注射推廣活動中與同事合照

手術室不容有失

倪詠俠　前廣華醫院麻醉科及手術室部門運作經理

訪談日期	2021 年 8 月 14 日
訪談學生	汪意玲、吳浩然 / 香港浸會大學 張嘉佑、陳樂軒 / 何明華會督銀禧中學

　　手術室給人分秒必爭，不容有失的感覺，倪詠俠 1981 年進入手術室工作，至 2015 年從部門退下來，看着科技為手術帶來重大的變更和改良，又從單單割掉器官至修補外觀，都為病人帶來希望。她對醫療技術的未來發展抱有開放和正面態度，一如她當初投考護士學校時，跟老師說既可讀書又有工資是最完美的。倪詠俠畢業後逐步晉升至管理層，除培訓護士操作技能外，亦要細心嚴謹，與醫生並肩，確保每台手術的安全與成功。

手術室是惡人谷

　　「以前手術室有一個不太好的名稱，叫做『惡人谷』」，倪詠俠說 1970 年代的護士學生一聽見要去手術室就很害怕，擔心自己做錯事，隨時被人責罵。那時學生主要是在手術時協助拉牽開器，掀開病人肚皮，然後就站在那裡，動也不動，直至手術完結；之後就立刻清潔用過的儀器。儀器清洗後，擦乾淨，再交回儀器室消毒，當時的滅菌模式是「放進焗爐裡去焗，用高溫高壓去消毒」。

擦手護士熟悉流程

　　到倪詠俠 1980 年代初以護士身份在手術室工作，亦要進行特別的訓練，跟隨資深護士學做擦手護士和游走護士，「過程需要整整五、六年的時間」。擦手護士在手術中負責遞儀器工具給醫生，所以

1973 年倪姑娘於學生宿舍留影

2014 年 10 月倪姑娘獲頒廣華醫院長期
服務獎

跟醫生一樣，在手術前先徹底清潔雙手，「就真的找個擦去擦手指」，之後穿上無菌的衣服和手套。不過那時的裝備全都是布做的，要到後期才發展為使用一次性的物料，手術到了一段時間若發現裝備濕了或骯髒了，「那時候醫生就會說，要換了，然後就一起換衣服」，確保手術室是無菌狀態，保護病人免受感染。

　　擦手護士必須熟悉手術的流程、手術的儀器和工具，所以一開始時，師傅會教導新人做每場手術時，有什麼物品需要預備，即時用紙筆記下，因為沒有一份正式完整的列表。一台手術動輒用上數十件、甚至上百件工具，每件工具有不同用途，殊不簡單。

合寫天書方便合作

　　由於每位醫生都有自己的要求，於是手術室的護士在 1990 年代初起，將每位醫生需要特別注意的事項如器材用具等，詳細記錄下來，讓大家每次入手術室前溫習「天書」，務求合作更協調，亦令工作不用局限在一直跟隨某醫生的同一位護士身上。

　　倪詠俅說這方法能加快學習進度，以前需要五、六年的培訓，「現在首三個月已經跟婦科，後三個月跟產科，最後三個月就是跟普通科或者整形外科」等各科的基本手術，尤其是今天的護士學生都是

從大學進來，應該有足夠的理論根基作支撐。

游走護士監察病人

擦手護士在手術開始後就不能離開手術台，需要游走護士在台下配合，如需要某手術工具卻找不到，游走護士便要到儀器室去取；亦負責在手術前核對病人資料，尤其是核對手帶（在病房已帶上），當病人麻醉後，在某些程序如輸血等，便要從手帶確認病人身份；在手術途中，要留意病人的生命跡象，如發現病人心跳加快，又或是吸液瓶裡面有很多血，便要告訴醫生，並讓麻醉師知道。

所以手術室非常講求團隊精神，由病人被推進手術室後，根據做手術的位置擺位，如轉身、側躺，讓他在手術中不會移位，接下來為病人麻醉，然後消毒皮膚，手術正式開始，每一步都要互相配合。手術完成後護士就要盤點所有儀器工具，包括用過的紗布都要一一盤點，確保沒有用品留在病人體內，合共數三次，正確後醫生才可以縫合傷口。這時病人麻醉未醒，會交由復甦室的護士看管，有時候一名護士要看管兩、三個病人，到病人情況穩定後，再由麻醉科醫生看一遍，便會請外科來接病人回病房。

邊做邊學投入工作

倪詠俅 1973 年入讀廣華醫院護士學校，由於家住九龍區，在油麻地成長，所以當養和醫院和廣華醫院同時取錄她時，她最終選擇廣華醫院。今天她還記得當年面試時，廣華醫院的老師問她為什麼要投考護士學校，說工作很辛苦，還要一邊工作一邊讀書，「我說這樣才好，可以學習，也有工資，多麼圓滿」，她說因為覺得這條問題答得最好，所以學校決定取錄她。

當時護士學生上課一段時間，便要到病房實習，倪詠俅認為這方式「其實很適合那個年代」，因為在病房工作後，學生返回宿舍會彼此交流，知識就這樣累積；而且「隨着你一直工作，會有一種投入

約 2009 年倪姑娘（第一排右三）與手術室部門同事合照

感，然後你就會發覺那位病人的行為表現，跟一般的不同」，為了尋求答案而去請教資深的護士，學習變得主動和積極，「我很感謝有護士學校」。

當年她就讀的班級共 43 人，畢業後只有包括倪詠俤在內的 3 人獲廣華醫院聘用。其後她亦接受助產士訓練，先在東華三院黃大仙護養院工作，1979 年調回廣華醫院，兩年後就開始在手術室部門 34 年的工作。

科技讓不可能變成可能

這麼多年來，科技的發展為手術室帶來重大改變，特別是微創手術的出現，不過原來最初倪詠俤並不看好。她記得當年用傳統剖腹做闌尾炎手術需時約一小時，但用微創最初需要兩小時，她認為很浪費時間，「幸好當時上司強迫我們做，不然怎會有這些科技發展，讓病人受益」。

原來「以前技術好的醫生，手術傷口也有兩三吋；技術差些，或者臨時發現有什麼問題，傷口會有三四吋」，用微創則只需兩三個小切口，手術復原效果更好，病人住院亦由七天變成一天。自此，「我

學會了對每件事，要保持一個開放的態度」，並相信很多事都是由不可能變成可能。

倪詠俵說 1970、80 年代做手術，器官直接割了就是，其後有了整形外科，會與其他科一起合作，顧及病人的外觀，如乳房切除手術，會將病人腹部皮瓣（帶血管的肌肉）移植，重塑乳房，有助病人不單只是生理上的復健，更加是心理上的支援，讓病人可以得到更全面的治理。

儀器的處理

同樣，手術室的儀器消毒滅菌程序亦日趨完善，「發展出洗儀器機，就像自動洗碗機一樣」，省卻了大量的人手工作。以前儀器不夠，某手術室用完後要馬上洗焗；隨着手術儀器增加，儀器室又聘請了許多技工，「協助洗儀器、焗儀器，數清楚儀器有沒有缺失，檢查儀器有沒有缺損並包裹」，這種技術轉移分擔了護士的工作，讓他們可以專注於護理方面。

不過，有時某些手術非常危急，如血管科要做一個動脈瘤手術，從急症室直接推進手術室，護士便要立刻張羅，倪詠俵後來與各同事商議後，想到為他們準備一部小推車，請同事預先把某些手術的基本設備放進去，既節省時間，亦讓同事感到安心。

手術日新月異，倪詠俵認為視工作為專業的人，就應該一直進修，否則一旦停下來就等如退步。她說當年護士的專業進修機會供不應求，她在手術室工作了 12 年才有機會修讀手術室護士的專科課程。她感謝東華三院給予資源，讓部門可以自訂培訓計劃，派醫護參與國內、外學術會議，到不同地方的醫院觀摩，視野得以擴闊，有助提升服務發展。

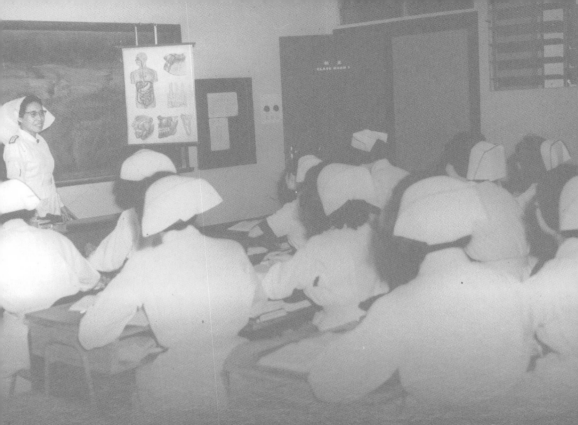

第七章

精益求精：
專科與時代並進

整理：馬少萍

向專科護理進發

黃彩雲　前廣華醫院腎科病房經理

訪談日期	2021 年 8 月 25 日
訪談學生	唐品恆、蘇盈匡 / 香港浸會大學 黃汝瑩、沈珞、孫鎧瀠、郭欣寧 / 協恩中學

　　黃彩雲是廣華醫院首批的專科護士，從 1980 年代入職開始便與腎科護理一起成長，經歷護士的角色日趨多元化，從護理服務到教育再至科研，2006 年更被委派主理護士診所，「更加獨立去處理病人的問題」；而在專業知識的層面外，對病人的身心靈關懷及照顧，依然是她作為護士所持守的核心價值。

從起步到發展

　　小時候因為要照顧體弱多病的母親而萌生當護士的念頭，1977 年黃彩雲入讀廣華醫院護士學校，三年裡就是「要將課堂所學和實際工作環境融合在一起」。畢業後主要在內科病房工作，那時香港很少洗腎服務，慢性腎病患者只有一些支援性的症狀治療，如腳水踵就給去水藥物，即使深切治療部為末期的腎衰竭病人提供血液透析服務（又稱洗血，洗腎服務的一種），名額也非常有限。

　　1985 年廣華醫院開始在內科病房提供腹膜透析服務（又稱洗肚，洗腎服務的一種），數年後特別邀請東華醫院的護士長吳小鳳訓練第一批護士及發展病人家居洗肚的服務；其後黃彩雲和幾名護士被揀選成立一支小型團隊，1991 年在東翼四樓開設一個只有幾張床的小病區，除了為住院病人作腹膜透析治療外，亦要為家居洗肚者作評估，教導病人如何在家洗肚和自我照顧的知識。

　　隨着病人的增加，1992 年再搬到北翼四樓內科病房，劃出一格

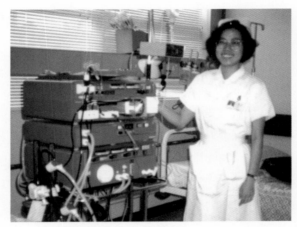

1993 年黃姑娘接受腎專科培訓時留影

安放 13 張病床，專為治療需要而洗肚的腎科留院病人。但病人人數不斷增加，當中好些因為併發症的緣故，需要轉為洗血。1994 年廣華醫院腎科葉嬋卿病房經理帶同黃彩雲與兩名護士，接管觀塘尤德夫人分科診所的洗血中心（中心前身隸屬伊利沙伯醫院），開拓廣華醫院內科的洗血服務。2004 年洗血中心服務搬回廣華醫院的腎科，並將北翼四樓整間病房拓展成具規模的腎科中心，有 30 張病床、15 個洗血位置，還有一名護士主理的日間中心並提供門診服務。

專科護士的角色

1995 年黃彩雲升任為腎科專科護士，是廣華醫院首批四名專科護士之一，屬醫院管理局當年推出的一個先導計劃，計劃提出護士應朝向專科方面發展，變得更專業化和更能獨立處事，對此，「我當時也挺戰戰兢兢，因為這是一個很嶄新的事情及挑戰」。

專科護士有幾項工作，第一項「當然是做好病房的護理工作」；第二項是對病人及護士進行教育工作；第三項是制定指引，提高護理水平，「希望某項護理措施能達到一定水準」，之後還要對成果進行評估和檢討；第四項是進行護理科學研究工作，科研是黃彩雲以前沒

學過的，所以「這也是最難的工作」。

推動科研減省時間成本

為了提高對科研的認識，黃彩雲到理工大學進修，提升能力。不過她指出病房跟大學做的科研是有分別的，「我們做研究不是為了研究才做，而是為了提升在病房裡實質的護理工作水平」。要在繁忙的病房中推行研究，着實不易，幸好當時的護理總經理馮玉娟大力推動，在 2000 年開始舉辦了幾屆護理科研比賽，目標很明確，「想想是否有些護理工作可以節省時間，又可以減少成本」。

黃彩雲領導其他護士一起研究，成功奪取一連幾屆冠、亞、季獎項，其中一項是跟洗劑有關。當時病房長期用一種洗劑清洗病人洗腎的喉管出口，但她看過相關研究文獻，發現它含一定刺激成分，反而另一類產品的成分更溫和並有相近功效，經比較測試後，發覺新的方法可將清洗次數由每天一次減到每星期兩至三次，但效果不變，這令大家都很雀躍。

「因為科研，我們知道原來護理工作並不是只有一條路，我們可

2001 年黃姑娘（右五）與團隊在第二屆護理實證比賽中獲獎

以有很多條路。我們多做一些實證，可以讓它更加進步」。

護士診所的成立

2006 年黃彩雲被委派成立腎科護士診所，除了一般日間中心的職能外，醫生會轉介病人給護士處理，亦會透過定期檢查，例如病人要拿洗腎處理過的水回診所檢測，看看洗得是否足夠，有需要時護士可以調校洗肚水的濃度及時間；並跟進病者的進展和處理他們的問題，如病人經常腳腫，「是不是因為他生活上有些事情不能辦妥？他戒不了口？還是因為他很不開心，很不喜歡洗腎，因此自行減少了洗肚次數？」很多生活上的細節，護士也不會忽視，若有需要亦會轉介醫生治療。「腎科的醫生和護士是合作夥伴，大家的合作關係很緊密」。

護士診所讓護士可以更加獨立去處理病人的問題，加強護士的專業發展；同時間黃彩雲還要學習管理，要計算人力，寫預算、寫方案、指引等，並成功於 2009 年通過醫院管理局總部的護士診所一系列標準及要求，得到認證許可。

獨立處理病人

從護士到專科護士，再到護士診所，護士的工作和職能不斷演變，「以前在病房的工作是跟着程序，跟着固定的模式去完成，醫生寫好處方，然後你跟着做」。但到了後期的發展，如教病人洗肚時，「你要用很多教育理論及技巧，令一個外行人學會處理護理程序，令他願意跟隨你的教導去做」。

但她亦理解病人有時候是很疲累的，需要鼓勵，「所以護士其實有一個角色就是幫助病人如何面對他的疾病，讓他能更好地復原」。於是透過獨立評估及跟進病人情況，制定護理計劃，隨時支援他們，如設立 24 小時電話熱線，解決病人的即時疑難，縱使護士或可以找醫生支援，但很多時候都要即時處理很多狀況，「當然我們也需要跟

黃姑娘經常到各機構主講與腎病有關的講座，圖為 2004 年為廣華醫院腎科病人互助會舉辦的講座。

隨一些原則，不是想怎麼做就怎麼做，因此護士要學會獨立面對一些問題」。護士診所的成立，令護士可更主動獨立去處理及跟進一些個案，「護士的獨立性愈來愈高」。

與病人建立長遠關係

　　洗腎是一個很漫長的治療，看着病人由慢性腎衰竭到要洗腎，治療中遇上很多問題及壓力，又或出現併發症，到終於克服又或是要面對死亡等等，醫患之間不期然建立一份關係。「這份關係我覺得是很珍貴的，因為不是很多部門會有這麼長久的關係」。

　　她有一名病人接受洗腎差不多 10 年，過身的時候還不到 30 歲，她很記得這個年輕人初來時只有 10 多、20 歲的樣子。「病人是有分幸運和不幸的」，只是那個年輕人屬不幸的一種，治療期間經歷過很多併發症，「但是他又很乖，感到痛楚時也是自己忍着」。到他去世時，「我們一整隊人非常難過」。後來在他朋友的悼文中看到，稱他為「人間的天使」。

顯現人性的光輝

　　腎病患者要走很長很遠的路，身邊不一定會有人不離不棄地伴着走下去，但黃彩雲慶幸仍看到許多人性光輝的一面。她見證過一位病人洗血 20、30 年，太太一直陪着他，支持他。某天他帶着蛋糕回來，原來是他的生日，希望跟護士一起慶祝，「視你是很親近的朋友」。病人去世後，他的太太到今天仍為腎科的病人互助會當義工協助其他病友。

　　2014 年黃彩雲退下來，在 37 年的護理生涯中，她認為學到最重要的事，是每一位病人背後都有自己的故事，是獨特的，所以在了解病人的病情之外，也要多了解他本身，才能更容易幫他面對自己的病，康復得更好。看着病人在洗腎過程中經歷許多苦楚，一個個的來，一個個的走，生離死別令照顧者亦覺黯然，「在急症醫院裡，別說是一間房，有一張床能讓他安安靜靜地離開，也未必是一件容易的事」。所以她希望醫療系統能提升善終服務及配套，讓病人可以走得更舒服一點，家人亦得到更多支持及安慰。

病人自我管理

鍾巧儀 前廣華醫院糖尿科專科護士

訪談日期	2021 年 8 月 27 日
訪談學生	夏鎵烯、林曉俊 / 香港浸會大學 許澤楷、陳俞安 / 何明華會督銀禧中學

　　年輕時希望讀醫科的鍾巧儀，不諱言因為成績不足以修讀醫科而選擇當護士。不過，後來發覺做不成醫生也可以有實現自己夢想的機會，因為護士可以接觸市民或病者的機會更多，一樣可以用自己所學到的護理知識幫助別人。特別是當上糖尿科專科護士後，廣華醫院提供空間讓她去開拓相關的護理和教育服務；其後她更將過去寶貴的臨床經驗帶進社區，服務更廣大的群眾，繼續她幫助別人的初心。

糖尿科的發展

　　1985 年鍾巧儀入讀廣華醫院護士學校，她形容整個學習過程是愉快的。「當時入住宿舍是一件很開心的事，尤其是中學剛剛畢業，第一次嘗試到大學般的宿舍生活，每一件事也要自己學習獨立處理和作決定」。當年護士學校也有學生會，鍾巧儀亦曾是學生會中的班代表。參與學生會的活動，使她學習到更多待人接物的技巧，成為她鍛鍊成長的好機會。

　　及後她完成了護士及助產士專科訓練，1991 年開始在廣華醫院的內科及老人科工作，第一年由部門推薦修讀第一屆本地的「糖尿病護理及教育」的專科訓練，課程由醫院事務署護理部主辦，較醫院管理局訂立的專科訓練還要早。

　　促成本地的糖尿專科發展，源於當年來自四間醫院（瑪嘉烈醫院、伊利沙伯醫院、威爾斯親王醫院和瑪麗醫院）的糖尿科專科醫生

1985 年鍾姑娘（第二排右一）與同學攝於宿舍小客廳

的努力。他們看到糖尿病患人口有不斷上升的趨勢，本地醫院必須作出準備，否則將來只會有愈來愈多患者出現併發症時才到醫院求診，增加醫療服務的開支。他們亦相信單靠培訓專科醫生是不夠的，加上護士人手比例上多於醫生，所以就挑選了幾位滿有熱誠和理念相同的註冊護士，分批送她們到澳洲進修，接受糖尿專科護理訓練。

　　首兩批海外學成歸來的護士回港後便着手開班授徒，第一屆只招收了 12 位註冊護士，鍾巧儀是其中之一。當時除了需要連續上數個月理論課之外，還安排跟着「師傅」到其中兩間醫院實習，奠定日後醫院管理局開辦糖尿專科的培訓藍圖。

身兼兩個專科工作

　　鍾巧儀完成培訓後，由於當時廣華醫院仍未有成立糖尿科的計劃，所以每逢當值遇到糖尿病者時，她便會在床邊開始個別的糖尿病教育，實踐所學。直到 1993 年，鍾巧儀被派到腎科病房工作，並因工作需要，修讀了腎科護理的專科訓練，所以當時她頂着兩個專科護士的身份工作。後來得到部門運作經理的支持，讓她可以在當值時，

在病房一隅做住院病者的糖尿病教育。

1995 年醫院管理局推行專科服務先導計劃，廣華醫院亦因此成立「腎科」及「糖尿科」兩個專科服務。鍾巧儀考慮到糖尿科服務在香港只是在起步階段，而且需要與兒科和婦產科等跨部門合作；加上她認為設計糖尿病教育會比較活潑，可以發揮的空間較大，所以最後擇選了加入醫院糖尿專科服務的挑戰。

以病者為中心

同年鍾巧儀被派到美國威奇塔州立大學（Wichita State University）修讀兩星期「糖尿病教育」進階課程，由於之前進修的護士主要是去澳洲，所以她特意申請前往美國學習，期望可以引入其他國家的不同模式以供參考。

她見識到外國醫院的環境，讓人有不單只是來治病的感覺，反而挺注重「以病者為中心」這項準則，而且還深深體會到病者負責自我管理病情的重要性。當中有一個活動令她留下特別深刻的印象，就是糖尿病中心安排自助餐形式的工作坊，讓病人跟營養師一起進餐。每樣食物前面都有一張標明「卡路里計算卡」，告訴他們只需學懂計算和運用食物對換的原則，那麼餐桌上的食物全部都可以享用。「病者就會很詫異，一直以為很多東西都不能吃」，她發覺這種生動的方法，病者很受用而且成效顯著。

逐步創建服務

海外受訓回來後，鍾巧儀協助成立糖尿病專科門診，由於涉及跨部門合作，已經不是當初在病房提供糖尿病教育服務那麼簡單了。幸好當時部門安排了麥肇嘉醫生發展專科門診，後來又與李家輝醫生合作，開展院內其他的糖尿病專科服務。

「因為明白到作為醫護人員，就算學習了多少書本上的知識和理論，又或者擁有豐富的臨床經驗，也很難完全明白病者的心理和他們

鍾姑娘（第一排中）與糖尿病專科團隊合照

要經歷的困難」，所以 1995 年她又與李家輝醫生、醫務社工和數位糖尿病病友組織了「治糖之友」的互助小組，藉此支援他們平時在生活遇到的問題。就算她已離開了醫院的工作崗位，至今仍然擔當着「治糖之友」的名譽顧問一職。

年幼病童的挑戰

　　1996 年鍾巧儀升任為廣華醫院首批糖尿科專科護士，要為不同科別的病者作護理和併發症檢查，例如骨科的病者，很多時在摔倒受傷送院時，才同時發現已患有糖尿病，出院後需要持續覆診和跟進。在兒科方面，要教導一個三、四歲的孩子和她的父母怎樣每天都「篤手指」驗血糖和注射胰島素，也是很大的挑戰。

　　「那時候我會特別與藥廠溝通，供應我們一些最幼細的穿刺針和特別刻度的注射器，這些是醫院平常不會用的型號」，她還要用不同的方法哄小朋友合作。此外也要顧及父母的感受，因為他們很容易便會自責，以為是自己的錯或照顧不周而令年幼的子女患病，所以有時亦需轉介臨床心理學家跟進和輔導。

　　病童在學校也需要適當的護理，所以老師們也要與醫護人員通力合作，院方不但要提供相關的糖尿病護理資料予校方，兒科醫生亦會發出醫生證明書，讓病童可以帶藥物回校並安排按時用藥。當病童出現血糖過低的症狀時，老師就可以及時給他們驗血糖和吃糖，避免血糖過低而發生意外。

<h2 style="text-align:center">自己健康自己管理</h2>

　　2007 年鍾巧儀離開醫院的工作崗位，轉到香港中文大學成立首間由護士主理的「糖尿病檢測中心」工作。接近十年的大學工作告一段落後，她再轉向社區的基層醫療方面發展，訪問之時她正出任「深水埗地區康健中心」的總護理統籌主任，參與成立全港第二間的地區康健中心。

2018 年鍾姑娘（左三）獲頒「終身奉獻護理精神獎」，並於 2019 年出席頒獎典禮。

　　她相信過往在廣華醫院的專科訓練、臨床經驗和大學時的社區服務經驗，對新工作崗位有很大的幫助，「因為當我們提及健康，臨床經驗一定重要。至於專科訓練，可以讓我預測到病者若不做這一步，他們將會發生什麼併發症，讓病者真正了解和有把握自我管理病情」。所以在治療糖尿病的範疇裡，「我們經常強調賦權／自強，而不是單一的遵守規則，是要自己了解和明白個人的健康需要，再作選擇和決定哪套治療方案更適合自己」。

　　特別是現今出現愈來愈多新型的血糖檢測儀器，患者不用「篤手指」就可以 24 小時，每五分鐘自動量度皮下組織間的葡萄糖讀數，有助醫護人員和患者了解血糖變化和走勢，以檢視患者是否需要改變飲食和運動安排，甚至調較藥物以達到最理想的疾病管理。

　　在現今科技的發展下，允許病者可因應自己生活上的彈性需要，例如想吃自助餐或參加晚宴，便可以透過一些食物對換的程式或調校胰島素的劑量以配合所需，讓病者掌控病情，有更大的自主權和參與性。所以鍾巧儀絕對應同「糖尿病是那種很大程度上，自己參與管理得愈多，就愈能直接影響病情控制的疾病」。背後的理念是由醫護提供資訊和對病人進行教育，讓病者可以自己做分析並作決定，因為她相信「自己健康應該由自己負責和管理的」。

讓人生繼續綻放光彩

柯婉媚　前廣華醫院外科（乳病）顧問護師

訪談日期	2021 年 9 月 6 日
訪談學生	唐品恆、蘇盈匡 / 香港浸會大學 王樂晴、蘇玥生、戴慧明 / 協恩中學

　　早在 1990 年代，廣華醫院在關顧乳癌病人方面有幾個紀錄，首先它開展全港首個「婦女健康普查服務」，又成立香港第一間乳病中心；而柯婉媚則是首位乳病專科護士。她說那時女性患乳癌的比率是 1：30，今天已躍升為 1：17。面對香港女性的頭號敵人，她一直運用專業知識陪伴無數病人，關注的不僅是對方身體的復健，還有手術後的自我形象，協助她們重投日常社交生活。

對比澳洲的護理

　　柯婉媚 1982 年畢業於廣華醫院護士學校，入行主要基於父親的鼓勵，「爸爸說他經歷過戰亂的時期，護士可以幫到很多人」。畢業後她在廣華醫院工作八年，其後同屬醫護界的丈夫要到澳洲受訓，她陪同前往，並在當地接受三個月的培訓，參與醫院的工作。

　　她發現兩地在護理上確有分別，在香港工作時，「要根據醫（生）囑（咐）和病房程序一步一步做」，而澳洲的護士則注重病人的意願，「護理方式比較個人化」，她明白這跟護理人手和病人的比例有關，不過當她回來香港處理乳病患者時，看來也受這思維影響。

全港首間乳病中心

　　1990 年當她還在澳洲時，東華三院撥款與香港大學合作，在廣華醫院進行婦女健康普查，是首個全港推行的乳房及盤腔普查計劃，

1981 年柯姑娘（左一）與伍碧球老師（中）在護士學校天台合照。學生帽上有藍邊的代表是高年級學生。

希望幫助女士及早發現病症，進行治療。1992 年柯婉媚回港後，重回廣華醫院工作，其時香港開始邁向專科發展，不少從外地接受培訓的醫生，發現在外國有專科護士的幫忙，能令病人的心境較平復和讓療程更暢順，希望香港的護士也有這樣的水平，協助開拓專科的發展。1994 年她被挑選到英國皇家馬斯登醫院（Royal Marsden Hospital）進修乳病護理；同年廣華醫院外科部組成專業團隊，展開乳病專科服務。

　　1995 年廣華醫院成立全港首個為乳癌病者提供綜合服務的乳病中心。「我們第一次給病人看診時，醫生、姑娘、病人和家屬會一起見面」，醫生講解病情和日後處理方案，並與病人一起商量和當面解答問題；而醫護亦明白病人的心理變化，特別是經普查後才發現患病，「突然間由一個健康的婦女變為一個有癌症的婦女，當中落差十分大」，所以如果病情較輕，醫生會先讓護士跟病人傾談，「我們會先照料好病人的心理狀態，之後再聆聽醫生講解」，其後證實這樣令病人更能接受自己的病情，和更明白醫生的建議。

帶動病人照顧自己

　　作為專科護士，柯婉媚不僅進行護理程序，還會幫助病人因應

2013 年 2 月廣華醫院乳病中心與物理治療部合作組成控制治療上肢淋巴水腫團隊，
柯姑娘（第一排中）與團隊隊員合照。

個人病情，如腫瘤的大小，以及個人的處境，「如了解她們家境的狀
況，做手術後是否需要立即上班」等，選擇適合病人的治療方案。
過程中有人或會埋怨為何不早些治療，也有因坊間和身邊太多說法
而感到迷惘，那時她便會設法明白病人心中的想法，再告訴她們有
什麼選擇。

　　「病人不是為了別人而活，是為了自己而活，病人自己需要什
麼，和護士討論分析後，就可以找到答案」。

　　手術只是療程的上半部，之後柯婉媚會繼續跟進，並告訴她們
身體上已產生變化，有人因此不敢再照鏡望自己的身體，所以在護理
室一定有一塊長鏡，她會捉住她們的手去觸摸自己的傷口，「起初，
病人都會有些恐懼，怕傷口痛」，但當她們接觸一、兩次後，便會慢
慢放下恐懼，然後漸漸開始做運動。這種帶動病人去啟動自己做康復
程序，讓她們不會全依賴醫院的照顧，可以在家懂得照顧自己，柯婉
媚認為是重要的。

2018 年至 2021 年柯姑娘擔任香港外科護理專科學院會長

她還會叫病人的丈夫一起來看太太的傷口，每次講解一些，讓二人一起學習護理；又會因應外觀的改變，教她們如何挑選和穿戴適合自己的義乳，因為義乳也有很多不同款式和功能，甚至如何用適當的胸圍配合，避免出現尷尬情況，她都一一關心。

護士要懂得溝通

在她眼中，每個病人都有着不同的社交背景、經歷和不同的病因，「尤其是乳病科的病人，需要得到更加個人化的護理」。因此有些基本的治療，如集體做運動會一起做，至於有些因傷口問題，又或是心理嚴重受創的，「我們會將病人區分，給予她們不同照料」。

所以她教導護士要與病人保持良好溝通，「做護士一定要有親和力，這樣才可讓病人願意分享她們的心事」。但溝通如何開展？她教年輕護士先給病人做一份問卷，問身體上的症狀，從而打開話題，因為大多數病人都願意跟護士講述自己身體的毛病，「開始引子後，病人便會跟姑娘暢談」，有時甚至停不下來，但護士要將交談時間控制在 30 分鐘內。

她還要幫忙調停家庭爭吵，如家人不願告訴家中長者患病情況，她就會勸喻不可隱瞞，「盡量讓病人與家屬坦誠相對，一起面對病情」；又因為很多時候病人會問她關於中藥的問題，例如吃什麼有幫助？她便索性去學中醫。「因為我不會，坊間太多傳言，我都要學一下正統的理論」。

東華三院支援病人組織

柯婉媚說她們跟病人的關係很好，「每逢時節病人會帶上月餅、生果來，過年時又會跟姑娘拜年」；中心會定期舉辦一些節目。事實上早在 1994 年，她與大約十位病人一起成立一個病人互助組織「妍進會」，並有專科醫生和社工幫忙，讓康復病人以過來人身份，在手術前跟病人傾談，告訴她們自己就是一個活生生的實證，叫她們不要害怕，生活仍可以精彩。

妍進會的規模亦隨着時間不斷擴充，已累積 600 多位會員，需要成立一個架構去運作，這方面得到東華三院支援，得以繼續服務病人，讓她們得到更多的照顧。

醫生信任護士

康復的病人經過一段時間不需要再見醫生，但仍會每年回到乳病中心，約見專科護士做檢查。若在檢查中發覺有問題，便會即時判斷作分流，如發現有復發的跡象，柯婉媚會安排在兩星期內見醫生。這在公立醫院來說，可算是非常迅速，這些特別安排反映醫生對她們的信任，「因為專科護士診斷病人的準繩度很高，才被醫生受理」。

患乳癌的除了女性外，每 100 個病人中就有 1 個是男性，主要是上了年紀，約 70、80 歲，「我們會保護這些男士的心靈」，如集體做康復運動時，會另外安排時間給他們，不讓他們感到是患「女性疾病」；也會關注他們另一半的心理，告訴她們並不孤單。

對她來說，護理是讓病人感到舒服，「不一定是處理身體情況中十分複雜的問題」，而當初護理學的訓練，讓她更注意細微的事情，因為病人的精神狀態、面容、眼神和身體語言都能顯示他們的狀況，她希望護士在知識以外，更能抱持正面想法，才能令病人有更大希望，「即使有些病不能康復，至少病人能接受自己的病情」，她就是這樣一直堅持着。

油尖旺的白日

葉婉玲　前廣華醫院社康護理服務部護士長

訪談日期	2021 年 8 月 4 日
訪談學生	黃小蓉、黎儀 ／ 香港浸會大學 趙晞晴、歐茵洳、廖家宜 ／ 協恩中學

　　葉婉玲在中學時已加入聖約翰救傷隊，別的年輕人放假去逛街玩樂時，她就在球場或沙灘上當值。她早與護理工作結緣，1970 年代中學畢業後決定延續這個選擇，並投考廣華醫院護士學校，因為她認同東華三院「救病拯危」的精神及理念。只是工作起步時不算暢順，受困於「輪夜班」致難以入睡，直等到當上社康護士時，終於找到適合自己的崗位，得以完全投入，履行護士的初心。

連續七晚當夜更

　　葉婉玲至 1980 年相繼完成護士與助產士的培訓，由於在港島居住，先後被派往東華醫院及東華東院工作，曾任職於產科、內科和外科部門。那時要處理病人的污穢物，以至病人諸多不滿的情緒，對於一個 20 來歲初出道的護士，可不是一下子就能應付，不過最困擾她的，還是晚上要輪班工作。

　　「以前的編制是每輪夜班便要連續七天，每次值班後只能睡上兩、三小時」。為了解決這問題，葉婉玲嘗試尋找醫院內不用當夜班的職位，並為此報讀幾個專科護理課程，最後亦於 1985 年完成社康護理課程，兩年後申請調往廣華醫院工作，自此在廣華醫院社康護理服務部工作 28 年，至 2015 年 12 月退休。

廣華醫院與社康護理服務的淵源

香港的社康護理服務始於 1967 年，由基督教背景的楊震社會服務中心（楊震）創建，目的是為離院的病人提供上門跟進服務。1979年獲政府全面資助，並納入醫療服務的架構，廣華醫院亦在此時加入。事實上，廣華醫院跟社康護理服務淵源甚早，因為楊震位於廣華醫院的對面，當年的病人出院後，由廣華醫院直接把個案轉介給楊震，彼此不囿於宗教背景，共同以病人的福祉為依歸。

社康護士只在日間工作，自然切合葉婉玲的訴求，不過她更喜歡這個崗位的自主性及靈活性，覺得更能發揮護士的角色，因為上門家居工作，雖然仍有既定的護理程序，但有需要時還得靠個人的臨場應對及處理技巧。

與病房工作不同的是社康護士需要幫忙時，周邊沒有同事能夠及時支援，所以剛畢業的護士會感到難於應付。葉婉玲記得那時社康護士的入門檻，大抵先要有五、六年的病房經驗，並要修讀一個相關的課程，實習完還要考試合格，才有資格申請調職。

背着大百寶袋爬二十三層樓梯

她最初跟隨導師多是前往老人院，之後有家居、劏房、籠屋、男子公寓、街上的露宿者⋯⋯當然還有極少數的豪宅，學習如何在社區護理病人，直到導師對她有信心時，才可以獨挑大樑。早期穿着裙子制服，很不方便，還要每天把需要的護理物資塞進背包裡，穿梭在油尖旺及紅磡一帶，經過後巷時更要躲避老鼠、甲由和樓上滴水。

當年該區的樓宇多是唐樓，沒有升降機，她試過一天單是上樓梯就已經走了 23 層，在炎夏中可以想像當中苦況。後期葉婉玲帶領團隊時，每天早上必先與同事齊做拉筋運動，後來制服亦改為衫褲及備有拖拉護理唥供同事們選擇。

社康護理服務的使用者大多是長者，當中不乏獨居老人；對於不良於行的病者，其家屬有時會預先把門匙交給社康護士。她還記得，

1979 年修讀助產士課程時的葉姑娘（左二）與李淑芳
老師（中）及同學於護士學校天台合照

1980 年代葉姑娘（左）於東華東院
產科工作時留影

有次她上門服務卻沒人應門，利用門匙開門進屋後發現病人倒臥在
地，她立即評估狀況及進行應急處理：是致電 999 還是直接召喚救護
車，也需要有專業的憑據。「當時必須臨危不亂，遇到這種情況就真
的要靠自己衡量及判斷」。

　　每次護理完畢，社康護士要隨即收取現金費用，由初期的 5 元
到後期的 80 元，並要手寫收據給病人；這種模式沿用了 30 多年，
經同業極力爭取後，最終於 1999 年把收費手續交還醫院處理。當年
資訊科技沒有今天的發達，社康護士難以掌握病人的資料，「不可能
一整疊病歷全拿去病人家中」，其後受益於電腦系統的幫助，千禧年
後，利用掌上電腦聯繫醫院的系統，在家訪期間也可翻查病人的健康
病歷紀錄，使護理方面可以更準繩。

學懂一眼關七

　　初時葉婉玲覺得最困難的是面對人。「『人』字易寫，實質複
雜。探訪時，不知道那裡的家庭環境是怎樣？周邊有什麼人？家居是
否安全？病人的脾性如何？這些都是我會顧慮的」。所以部門會邀請
警務人員給她們講解如何保護自己、如何自衛、如何逃生、如何一眼

關七等等；若知道病人是屬有風險的，便會安排兩位同事前往家訪。

　　有次葉婉玲要去一幢專門接收從精神科出院的男子公寓，探訪一名病人，她熟練地揀選坐近大門的位置，在護理及分配藥物給病人時，公寓的「包租公」突然與另一租客對罵，並說了一句「你纜線嘅」，語出立即觸動該名租客的情緒，走進廚房取菜刀，她怕自己及所屬病人也受牽連，立刻提起背包拉着病人跑下樓，避免殃及池魚。

油尖旺的獨特環境

　　葉婉玲坦言油尖旺區的獨特環境，讓她有不一樣的際遇。某次她帶着護士學生到新填地街探訪病人，於樓下遇到一位疑似經營色情場所的女士帶着一名男士上去，沒料到竟碰上一群護士，男士立刻調頭離去，事後那位女士怪責她們破壞她的生意，讓她們啼笑皆非。

　　她也曾見過有人在把一小包物件夾於唐樓一個單位的鐵閘處，然後有人開門鬼祟地取走，似是在進行毒品交易，「那時我們不敢望，直行直過，扮作看不見」。面對種種突如其來的事件，葉婉玲認為只要學懂「執生」便行，並相信這些歷練令她成長。「因為接觸不

1996 年葉姑娘（左六）與部門同事於廣華醫院 85 周年紀念時合照

同的人，不同的環境，能夠訓練自己沉住氣及應對各方面的突變，充實自己」。

　　不過最讓她滿足的，當然是履行護理病人的職責。她說跟病人的溝通比在病房的多，還要兼顧家屬或照顧者，向他們灌輸護理知識，以至彼此建立良好關係；在互動的情況下，容易達到全人護理的效果，對病人康復大有幫助，這正是葉婉玲本來的抱負。

照顧廣華醫院以外的病人

　　廣華醫院剛投入這項服務時，只有兩名社康護士提供簡單的護理，服務對象以行動不便的家居病人為主。1990 年代之後，工作變得愈來愈複雜，葉婉玲形容「其實是將醫院病房護理的工序帶進家居而已」，例如那些剛做完手術、情況穩定可出院的病人，都是交由她們跟進，令病房可騰出病床，出院的病人也能即時得到適切的護理。鑑於醫療日新月異，遇上特別、新穎的護理個案，她會安排相關同事到病人所屬的醫院，學習新課題及護理技巧，再與其他同事分享新知識，切合病人康復的需要。

　　現時廣華醫院社康護理服務部的管轄範圍，不論病人是從哪間醫院出院，只要住在油尖旺及大角咀區，都是她們的服務對象。隨着社康護理的需求增多，葉婉玲退休時，同事已增至 30 多人，是她出道時的三、四倍，每天處理的個案仍不斷增加，以致經常要與時間競賽，承受相當大的壓力。她提醒想加入服務的護士「一定要自律」，因為「自己一個人去，無人監管，任由你喜歡做什麼都可以」。若不能把持這個原則，還是先打消念頭好了。

　　「我們慶幸有健康的身體，有能力及機會護理病人，所以要好好把握，對病人要將心比己，易地而處去想，當你有這個思維，就會知道應該以什麼態度對待病人了」。

✚

不問耕耘 只講責任

張慧儀　前感染控制組專責護士

訪談日期	2021 年 8 月 31 日
訪談學生	夏鎵烯、林曉俊 / 香港浸會大學 林柏希、曹朗延 / 何明華會督銀禧中學

　　2020 年張慧儀在已從事差不多 29 年的感染控制組退下來時，再度碰上新冠病毒肆虐，這次更演變成全球大流行，令她想起 2003 年非典型肺炎「沙士」一役，「有很慘痛的經歷」。那時香港沒有經驗可循，她只能不斷摸索，部門從三人到剩下自己一個單打獨鬥，最後更患上惡疾，但從沒想過退縮，「這是我的職責，要面對時便要面對，不可能卸下來」。

傳染病意識薄弱

　　感染控制主要是基於傳染病的傳播風險，針對如何在社區及醫院制定預防措施及指引，防止傳染病爆發。這個專科範疇大概是 1985 年才在香港推廣，而廣華醫院在 1987 年成立感染控制組。「早期其實對這方面的認識很薄弱，因為那時香港才開始慢慢引入相關的知識和配套」。

　　1991 年香港大學微生物學系舉辦感染控制課程，那時張慧儀在廣華醫院內科病房工作，同事問她有沒有興趣一起報讀，「那我心想沒所謂就去試一下」，事實上當時她也不知道課程是什麼，病房裡亦很少機會接觸到相關的學問，只是抱着了解新事物的心態，沒想過這樣會改寫自己的工作軌道。

感染控制啟蒙老師

最初上了八星期課程，逢星期五上課；後來再有銜接的進階課程，每天連續上課，前後共兩星期，學習關於微生物的知識，如一個空間有多少細菌、微生物，這些微生物在這個環境傳播的形式，是如何令人受到感染，又應如何截斷傳播鏈，還有怎樣應對抗藥性的微生物。

由於範疇廣泛而課時不長，張慧儀坦言對此只是有了初步認識，學習在護理層面減低如尿道感染、傷口感染的機率；不過重要的是，這是最早將一些國際性的指引，應用到香港的醫院病房裡，以至發展到後期，每門專科都有教導該科關於預防感染的資訊。

當年的課程導師是臨床微生物及感染學專科醫生司徒永康和高級護士長程棣研，「我們稱他們為感染控制之父和感染控制之母」，二人同在瑪麗醫院工作，創辦了相關部門後，亦舉辦課程培訓這方面的專業。

1982 年畢業的護士學生與老師及嘉賓合照，第三排右三是張姑娘。

機緣巧合加入

最初只是打算認識一下而已，張慧儀並沒有想過轉去感染控制部門工作，「但碰巧當時 7 月讀完這個課程後，到 9 月時就有一位同事離開感染控制部門」，那時連同她只有三個人曾修讀感染控制課程，管理層最後選上她，而她應允是因為「在時間上確實是很吸引人，不用熬夜，是正常的辦公時間」，坦言不用每次要值班整整一星期的夜更工作，是一個很大的誘因。

進入新部門後，她每天學習解讀化驗室的報告，進行分析和監察、對傳播途徑不同的傳染病病人採取隔離措施及接觸者的追蹤調查，又或是調查如手術後傷口感染的原因。雖然工作跟過往不同，但以往的經驗，讓她知道病房的護理工作是如何運作，知道如何介入可令工作做得更好。

不過，起首幾年最讓張慧儀覺得「棘手」的，反而是到病房推行感染控制的工作，那時大家對傳染病不太認識，又沒有遇過相關的大問題，認為「平時工作也是這樣，為何感染控制護士要煩擾病房護士？」因此有些同事會表現出不屑，甚至抗拒和不接受意見的態度；直至沙士一役後，大家都了解到「感染控制」的重要性，變成「什麼事情也會找感染控制科」。

沙士的衝擊

2003 年 2 月 22 日，廣華醫院接收了沙士源頭病人劉劍倫教授，張慧儀的工作也隨之經歷翻天覆地的改變。到了真正考驗的時刻降臨，她跟其他人同樣緊張。當時最難應對的是硬件上的安排，「如何將普通病房改成隔離病房，如何分配病人到不同病房防止交叉感染，當時大家也是在摸索中」；其中又要盡快為全院數千名前線同事做 N95 口罩的測試，因為口罩要貼面才能防護，要經多次嘗試才能找到適合各人臉形的口罩，耗費不少時間。

與此同時，為提高全院 3,000 多名員工的防護意識，她們隔天就

1984 年張姑娘修讀助產士課程時，
曾到新生嬰兒加護病房實習。

2020 年張慧儀姑娘留影

要舉行講座；並要制定指引和製作海報，讓同事重新學習如何處理嘔吐物、排泄物；又拍攝影片講解潔手七式、如何正確配戴外科口罩等等，「工作量真是超乎想像⋯⋯但也是捱過了」。

幾個月後，疫情開始緩和，卻竟是張慧儀面臨最大挑戰的時刻。

一個人孤軍作戰

原來醫院管理局之前為了應付財赤，2002 年推出自願離職計劃，俗稱「肥雞餐」，張慧儀所屬部門的護士長恰巧也有參與，主管本應於 2003 年 3 月離職，因疫情而留任至 6 月，之後部門只剩下張慧儀和一名感染控制護士。「當時雖然好像平靜了下來，但監察上我們沒有鬆懈，怕有遺漏個案入院，引致疫情再爆發，所以仍要上報醫院管理局」。

張慧儀的工作量因此沒有減退，除了繼續監察醫院內同事有否發燒，有否呼吸道感染症狀，還要掌握來自社區如老人院的入院數據，一旦數據出現異常，便要跟進和調查，往往要超時工作去覆核所有資料。最後，她惟一的同事也撐不住，請了兩個多月病假，剩下她一個人守下去。

那時醫院找了不同部門的護士協助她，但因沒有相關的專業訓

練，實際可以做的事情不多；後期她還要參與預備院方向立法會交代沙士源頭病人自入院至防控的工作流程的報告，需要不斷跟高層開會，「即使星期六、日都上班，工作總是做不完」；最後連她也倒下來，在年終時患上癌症，要接受六個月的治療。面對生命的威脅、治療的煎熬，張慧儀坦言這經歷是她人生中的另一磨練。

不會逃避責任

回想那段日子，張慧儀直言是很沉重的體驗，不過她從沒想過辭職，「只是想過如何完成或做好這件事」，那是她工作的信念和初心，「做好自己作為一個護理人員的角色，無論遇到什麼困難，我們不會逃避的」。

這信念是從教育來的，她說在廣華醫院護士學校三年的培訓裡，除了護理知識外，「南丁格爾或者其他護士的專業信念，都給了我這個信息」，就是作為一名護士，「理解外界對你的期望是怎樣，然後去發展這方面的形象，以及去做這方面的角色」，這讓她很早就覺得「穿上這件護士服後，我就應該去履行這些責任」。不過畢竟是40多年前在護士學校的事，張慧儀相信自己的記憶或有出入，但這個領悟一直都在。

除了信念，專業的訓練也讓她能理性地面對問題，「雖然我要到病房工作，但我不用在前線工作，不用看顧具傳染性的病人」，加上她知道感染的途徑，認為只要做好防疫措施，便不用擔心會被感染。

上下一心共同抗疫

張慧儀認為感染控制工作做得好，必須要全院配合，沙士最終沒有在廣華醫院引發大規模的爆發，只有零星的個案，除了因為前線着緊之外，後勤的如行政部亦作出支援，互相配合。她所屬的感染控制科其後亦增至五名專責護士，「接下來的日子過得還好吧」，後期她亦負責訓練新人，傳授自己的知識和經驗。

第八章

記錄者心聲：
生命的禮讚

整理：范永聰

　　司馬遷的《史記》是中國歷史的典範。他寫的傳記，把不同背景的人物與其所處的時代緊扣，呈現立體的視角，其影響擴散到東亞地區。若《史記》的〈游俠列傳〉使人熱淚盈眶，今天香港的「護士列傳」亦令人思潮起伏。歷史學發展至今天，我們着重史家、時代精神、歷史撰述三者的動態關係。參與是項口述歷史計劃的十位年輕史家，他們抱有同樣的使命感，把護士的人生百味記錄下來，保留香港醫療歷史中的一些日常生活片段。經沉澱和反思，他們從五個方面歸結出一些感想：一、生命意義；二、女性角色轉變；三、香港護理轉變；四、護理使命感；五、大學生自身學習。

一、生命意義（麥詩韻、潘俊昂）

　　廣華醫院坐落油麻地一隅，而我們卻家在港島，對它所知甚少。於是在計劃開展前，為此蒐集了一些關於東華三院、廣華醫院的資料。當中使人印象最深刻的，是廣華醫院舊大堂一對自開幕以來便聳立正門的對聯，上聯為「憫蒼黎火熱水深喚我國魂起四百兆同胞痼疾」下聯則是「合中外良醫妙藥仗君佛手拯二十紀世界沉疴」。上聯呼應辛亥革命之時局，下聯則點明廣華醫院之理念。對聯氣勢磅礴，極富深意。及後計劃開展，每數星期到訪該處進行訪問，都是帶着對廣華醫院歷史的好奇和景仰。當中的受訪者，有現職廣華醫院的，也有已榮休的。儘管他們的職責和工作年代不盡相同，但相同的是，他們都對生命的意義有一份執着和無盡的貢獻。

　　受訪者何麗雯姑娘，榮休 20 年後接受訪問，實屬我們的榮幸。她從上世紀 1960 年代上海幼年生活說起，到及後來港入讀東華三院護士學校之點滴，再到產房工作，經歷 1970 年代的生育高峰，然後見證社會變遷。何姑娘將生涯大小事娓娓道來，讓我們從產科的角度出發，對香港戰後的嬰兒潮有一次重新的了解。當中何姑娘講述1970 年代時，一更八小時內接生 31 個嬰兒，連如廁的時間也沒有的體驗；又擔心忙中出錯而誤配嬰兒的姓名和出生時間而導致失眠的經

歷；更有接生重磅嬰兒時幼小身軀卡着產婦身體的驚險場面，幸好最後也化險為夷。聽着何姑娘回憶，如同親歷其景，亦不難體會到當時醫院產房裡護士的辛勞。感謝他們對接生的一絲不苟，才為戰後的香港迎來許多新生命。

　　另一位受訪者郭秀媚姑娘，現職於孕育科研中心，從事輔助生育工作。郭姑娘在 1990 年代加入產科工作，當時廣華醫院已經引入比較先進的醫療器材，產科工作較何姑娘工作時已有翻天覆地的變化。唯一不變的是醫護人員對於生育謹小慎微的工作態度，她更將產房形容成戰場，不容分毫差錯。及後郭姑娘調任輔助生育中心，為不孕的夫婦助產，陪伴着每一位準母親經歷高低起伏，以另一種形式迎接新生命。生育本來就是一件高風險的事，培育試管嬰兒更是困難重重。郭姑娘在孕育中心的所見所聞，都令我們再一次感悟到每一個生命的誕生從來不易。

　　心理學家維克多．弗蘭克（Viktor E. Frankl）曾言：「生命的意義，在於賦予生命意義。」我們採訪過的廣華護士們都是追尋着這樣的目標，他們的專業、奉獻，以及所信奉的南丁格爾精神，都在賦予着生命意義。他們來自不同部門，用自己的愛心、耐心、細心和責任心去好好照顧每一位病人，燃燒自己，化作點燃他人生命的燭光，拯二十世紀世界沉疴。

二、女性角色轉變（夏鎵烯、林曉俊）

　　在中國傳統家庭觀念中「男主外、女主內」的框架下，對女性來說是一種綑綁，同時是一種性別定型。在中國傳統社會中，女性的社會地位很低，一直是男性的輔助者，處於從屬地位，使男女不平等。但是，護士的出現卻能改變這種風氣，打破傳統框架。

　　1922 年廣華醫院開始訓練女看護生，1927 年東華醫院開辦護士訓練課程，1929 年東華東院在成立時同時開辦護士學校。在中國人心目中，照顧病人是奴僕的工作，而且由女看護照顧男病人，亦違背

中國傳統，令女性在華人社會處處受到性別傳統的限制。但是，護士的出現令女性能擺脫傳統家庭中「女性在家打理家庭大小事務」的角色，變成獨立、有能力、自主及在職場上打拼的新女性。同時，隨着醫療在香港迅速發展，西醫的護士訓練備受重視，以往護士訓練都以實務為主，缺乏理論教育，戰後的護士訓練出現了重要變化。

由於香港經濟起飛，西方思想傳入香港，西醫逐漸被本地的華人接受，必須增強西醫護士的基本訓練，亦要吸納更多女性入讀護士學校。因此，護士訓練除了着重在病房學習實務技巧，亦安排看護生學習基本理論，例如心理學、人體生理學等等。護士的出現導致不少女性由從事「住家工」職業，變成每天辛勞工作，創造條件爭取較好的生活水平。香港重光後，迎來了嬰兒潮，而接受我們訪問的一眾廣華醫院護士們，大都經歷過這個時期。在訪問中，我們曾經聽過廣華的護士們在一天晚上接生 10 個嬰兒，足以呈現戰後「嬰兒潮」的「瘋狂」現象；而護士學校的培訓和知識傳授方式也不斷改進，變得更加專業化和精英化；護士有機會到國外進修學習，然後在海外或回港繼續從事醫護工作。護士培訓工作的進步，除了證明這個職業的重要性被不斷提高外，香港女性更憑藉護士這份職業提升自己的價值，對於女性地位提升的推動大有幫助。

女性的角色從照料家庭到步出社會，照顧病人，可以擁有經濟獨立的機會，能夠有能力工作，可以供養家庭。當時的女性視護士為謀生工作，有些女性生長於大家庭，即使她們擁有良好的學業成績，也礙於家庭環境而被迫輟學，需要自食其力，提升經濟能力，改善家庭生活環境。有不少家庭視護士這份工作為眾人的「妹仔」，畢竟出於工作需要，有時或需要處理體液、血液、排泄物等，令一些父母們錯誤認為護士是一種骯髒的工作，卻忽略了這份工作的專業性。而且，護士這份工作亦能夠為不少女性創造良好的工作環境和條件，在香港得到一份薪金不錯的工作，但卻犧牲了結婚的機會。

傳統家庭中，女性的角色便是生兒育女，在家中照料兒女和打

點一切。當時的醫院認為，女性若果結婚，便不能逃避需要生育的事實，因而要放數個月的產假，可能會令人手不足，於是便「不准」護士結婚；如果選擇結婚，便需要放棄護士工作。由此可見，護士這份專業，能夠打破傳統女性照顧家庭的責任，變成一個獨立自主、擁有財政能力的新時代女性。不過，獨立自主的背後，也要承受父母對於這份職業的負面看法，以及犧牲婚姻的機會。但是，在社會的發展下，男女愈趨平等，直到今天，護士已是一份令人尊敬的專業工作，也受到大眾重視。

三、香港護理轉變（蘇盈匡、唐品恆）

在參加是次口述歷史訪問前，我們對香港護理轉變的認識流於書本上的知識，我們雖然知道香港護理多年來有極大的進步和成就，尤其是 1931 年《護士登記條例》刊憲後，本港的護士受到護士局規管，令護士專業質素日益提高，從事護理工作的人數也與日俱增，但由於缺乏切身體會，我們對這些醫療進步終究沒有特別深入的認識。然而，在訪問期間，我們聽到各位專業護士們從他們的個人經歷出發，講述香港護理轉變的故事，當中不僅有很多書本上沒有涉及的知識，而且他們的描述更加「有血有肉」，令我們頗受感動，明白當中種種難處，亦成為我們人生重要的一課，以下將分享兩個令我們印象深刻的護理轉變面貌：

首先，是護理的人性化。由於香港人口眾多，醫護人手長期處於緊張狀態，實在難以把太多時間和精力放在某一位病人身上。然而，香港醫護人員還是盡力地使醫療服務變得更人性化，令病人不但在生理上，且在心理上也能受到照顧。例如曾經接受我們訪問的岑素圓姑娘，她多年來致力推廣病人心理學，在 2000 年時，她有機會與心理輔導專家合作，設計了一個關於病人心理學課程，藉以培訓當時的醫護人員。課程內容包括如何看護病人和如何與病人聊天等等，這些課程內容顧及病人的心理，讓病人在面對疾病感到恐慌無助的同

時，也能感受到醫護人員的熱情和關愛，緩解他們的擔憂。又例如潘妙好姑娘，她跟我們分享了一個故事，至今仍然讓我們印象深刻。她在東華三院黃大仙醫院工作的時候，曾遇到一位病人，當時那位病人已經病入膏肓，但他卻放不下他的女兒，要求醫生把他送回伊利沙伯醫院接受手術，以期盡快回家照顧女兒。那位醫生即使知道病人已幾乎沒有希望；甚至有機會死在手術台上，最終仍然同意了他的要求。這正正是每一位醫護人員的努力和熱心，使病人得到更加人性化的照顧。

其次，是科技進步的兩面性。香港醫療科技發達，醫護人員亦願意不斷學習使用新儀器治療病人。例如柯婉媚姑娘提及最近香港的醫院引入冰凍機以治療乳病病人，這些儀器使更多疾病能被及早發現和治療，無疑是香港護理的優勝與進步之處。然而，科技也可能使醫護人員與病人之間的距離變得更遠。例如潘妙好姑娘便對我們說，以往護士要了解孕婦肚中嬰兒的情況，必須靠她們自己的雙手觸摸孕婦的肚子，聆聽嬰兒的心跳聲，但在引入胎心聲觀察機後，醫護人員便把更多精力放在分析觀察機器的數據上，反而忽略了需要關心的孕婦。這段說話引起我們反省：不只是醫療方面，在我們日常生活上，科技的進步真的有使人與人之間的距離拉近？我們在當下又該如何維持與他人的關係？

四、護理使命感（黃小蓉、黎儀）

「救病扶危」是東華三院秉承的使命，位於油麻地為基層居民服務逾一世紀的廣華醫院，更是將其慈善精神的使命感貫徹出來。透過是次口述歷史計劃中訪問多位廣華醫院護士們，讓我們從故事了解醫院的服務制度和護士們「將心比己」的護理精神，體現出對「職員互助互愛有人情，對病人與家屬有真情」的廣華情。

我們除了向一直堅守崗位的受訪護士們致敬外，亦應欣賞他們的善良和同理心。從事護士工作並不容易，今時今日有病人服務助理

及抽血員等支援護士們的日常工作，但在昔日，從照顧病人飲食、支援情緒，以至協助治療，好讓病人及早回復健康，這一切工作都是護士們一手包辦。即便工作量大，他們仍會堅持做好每一處細節。在訪問中，鍾麗霞姑娘分享她昔日在東華三院黃大仙療養院的工作經歷，她說她喜歡為婆婆們梳頭髮和綁辮子，因為這樣她們看上去會比較精神和整潔；幫長者洗澡時，她又喜歡拿起海綿細心地為他們擦洗身體，即使很多時她都會被助護姨姨們催促，但她仍是選擇堅持做自己認為對病人們好的事，因為她認為長者們一星期只有一天能洗澡，平日肯定是很難熬的，故她希望能在難得的洗澡時段令長者們能感到舒服一點，以及感受到自己是備受尊重和關心的。住院的病人受着病患困擾，親友有時未能時常前來探望及照料，假若護士們不多上前關心他們，多與他們聊天，恐怕病人難以樂觀正面的心態戰勝病魔。護士們當然可以只做職責範圍內的工作，而不做這些額外的事情，但正正是因為他們懂得體會他人的感受，所以才會選擇這樣默默地為病人付出更多，這種態度是非常值得我們每一個人學習和欣賞的。

廣華護士們的護理精神更在醫院體制和日常工作中體現出來。1980 年代廣華便一直堅持 "no turn away" 的護理精神，每天都在非常擠擁的病房中加設臨時的帆布床，目的只為盡力照顧好每一位病人。就以高峰時期的兒科病房為例，當年每晚接收約 70 至 80 位病人，人頭湧湧的狀況可想而知。正如廣華護士學校前任校長張國安先生憶述：「我只是記得要做；我只是知道：你收（接收病人）你就要盡力做」，於擠滿病人、只有風扇通風的環境下長時間工作，汗流浹背的情況對於張先生來說已經習以為常。在簡陋的病房下仍然不辭勞苦地接收並悉心照顧病人，可見其堅守救助病人的護理使命感在小小的病房中展示出來，護士們於醫療服務中默默付出心力和精力。

隨着醫療設備的進步，廣華醫院並沒有對救助病人的使命卻步，時至今日在體制中發展出 "overthrow system" 的制度，在某病科床位爆滿的時候，病人則會被送進其他病科的床位，以善用醫療資

源。在各部門的醫護人員通力合作下，讓病人獲得更理想的醫療服務及護理。雖說此舉未能向大眾清晰公佈病房入住率，但是這恰恰反映出護士於病人需要的情況下給予支援和幫助的重要使命，可見在廣華護士們的互助和努力下，醫療服務得以惠及油尖旺地區的普羅大眾。

最後，我們感謝廣華醫院護士們、東華三院檔案及歷史文化辦公室職員們和浸會大學導師們給予這次珍貴的機會，讓我們參加這個口述歷史計劃以及在協恩中學和何明華會督銀禧中學的同學們協助下順利完成。此計劃讓我們有機會記錄這些有笑有淚、有血有汗的生命故事，探索默默守護基層大眾的護士們濟世救人的崇高護理使命感。

五、大學生自身學習（汪意玲、吳浩然）

去年暑假，我們有幸參與這次口述歷史計劃。無論對學習，還是在一些想法上，也為我們帶來一些啟發。藉着本次的訪談經驗，我們希望可向大家分享當日的所學。

我們認為在這個暑假的經歷對我們以後學習歷史大有裨益。在整個過程中，我們有幸觀察到專業的歷史學者是如何針對「社區聯繫」的議題，向受訪者發問。當我們重溫他們的發問時，都能感受到他們的觀察入微及「以小見大」的訪問技巧；當中關係到值得深思或關乎社會趨勢的變化，這正是作為「歷史人」需要掌握的學問和技巧。作為歷史人，嘗試從每一件社會小事看出當代時勢的改變是必須的技能，而我們仍在摸索的階段。這次學習歷程中，老師的示範可謂帶領我們「入行」，開始掌握雛型，而我們相信這種感覺會成為「原點」，在未來一年的學習中不斷嘗試，讓我們能夠完成一篇令自己滿意的畢業論文，不枉此四年學習。

另外，這次學習也讓我們對「社區史」有嶄新的認識。在過程中，我們感受到「社區史」就是研究醫院如何在社區中發揮功能，服務街坊。在訪問的過程中，接受訪問的廣華醫院護士們憶述廣華醫院多年來贈醫施藥、照顧鄰近社區居民的經歷，不禁讓我們回想起「歷

史就是研究 his-story」，以人為本。「社區史」就是從以人為本、從社區角度研究香港社會發展的趨勢，或為當區居民建立集體回憶，對建構身份認同也十分重要。

回首我們以往的學習經歷，大都是安坐在演講廳聆聽老師們的教導，這次實習卻給予我們十分珍貴的學習機會。了解我們的角色以後，我們便開始教導與我們一起參與訪問工作、來自中學的同學們。從講解相關工作的詳情到協助他們草擬訪問題目，原來一點都不簡單。我們要顧及同學的能力和所掌握資源，不可以對他人提出過於嚴苛的要求。而在給予評價時，亦要顧及他們的感受。這次經驗令我倆印象深刻，教會我們要更加懂得體諒別人，同時也明白了日常上課時老師們為了讓我們明白課堂內容而付出的努力。

口述歷史是我們在課堂上沒有機會觸碰到的範疇，這次學習可謂大開眼界。從草擬題目，準備訪問到進行訪問和跟進訪問文稿的工作，都令我們明白口述歷史的訪談工作是如何進行；同時這些訪問都令我們感覺到很有意義。透過口述歷史，我們聽到受訪者的心聲、經驗，從中聯繫到香港醫療系統的歷史性轉變，確是一個很奇妙的學習過程。

在現今世代，大學生不再局限在演講廳被動地學習。透過我們自身的努力，增值自己，要使得這珍貴經驗變得全面。同時，這次實習也使我們明白承擔責任的重要性，而面對來自不同背景的參與者，又該用何種態度完善人與人之間的溝通。最為重要的是，在遇上突發的情況時，我們該怎樣靈活地應對。大學生即將踏入社會職場，相信我們還需要付出更多努力，投放在自身學習之上。

參考資料

第一節「生命意義」

楊中新：〈香港人口變化的歷史作用〉，原載《中國人口科學》，1996 年第 1
期；現引自網絡電子資源：http://ww2.usc.cuhk.edu.hk/PaperCollection/
Details.aspx?id=5276

第二節「女性角色轉變」

冼玉儀、劉潤和：《益善行道 —— 東華三院 135 周年紀念專題文章》，香港：
三聯書店（香港）有限公司，2006 年。

（後排從左至右）潘俊昂 唐品恆 林曉俊 吳浩然 汪意玲 黎儀 黃小蓉
（前排從左至右）夏鎵烯 蘇盈匡 羅婉嫻博士 范永聰博士 張志雄 麥詩韻

附錄一　廣華醫院及護理發展大事年表
（1906-2016）

整理：范永聰

年份	大事
1906	政府有見於九龍人口大幅增加，倡議於油麻地新建一所華人醫院，制度上仿傚 1870 年成立的東華醫院；委任何啟、韋寶珊及劉鑄伯等籌劃，並推動東華醫院籌款興建。
1911	8 月 24 日政府頒佈《東華醫院擴充法規》，成立廣華醫院。
	10 月 9 日，廣華醫院開幕啟用，設有病床 72 張。廣華醫院設董事局，由值理組成，財政及人事權由東華醫院董事局負責。
1914	廣華總理籌建「水上公立醫局」，為水上居民提供醫療服務。
1915	廣華醫院開始使用西法接生。
1918	廣華醫院開闢義山，殮葬於院中身故而無以為殮者。
1919	產婦入院留醫者日眾，醫院決定在大堂加建一層，設立產房。
1922	開始自行訓練護士，招募看護生六名，提供為期三年的訓練及實習課程。
	4 月起，有匿名善心女士先後數次捐款，最後總計 50,580 元，要求院方向貧苦大眾贈醫施藥，其後善款用作開展廣華醫院門診施贈中藥服務。
1928	留產院正式動工，地下樓層免收費用，在九龍半島創立免費留產。
1929	開始招募和訓練男護士，然因反應不佳，未幾停止招收。
	留產院落成開幕。
1931	東華醫院、廣華醫院及 1929 年成立的東華東院合併為「東華三院」，統一由一個董事局管理。
	護士學校制定普通科三年期訓練課程。
	肺病療養院及割症病房建成。
1937	香港護士管理委員會於 1931 年成立，是年首次有廣華醫院護士學校學生赴「護士局」考試。
1938	東華醫療服務接受政府資助，「醫務委員會」成立，管理東華三院屬下醫院。
	政府委派教師進入護士學校訓練護士。
1940	增設 X 光室一所，並重建院內殮房。
1941	東華東院被徵用為軍用醫院，東華醫院及廣華醫院繼續運作。兩院留醫病人限額 300 人，後減至 250 人。
	日佔初期，廣華醫院停辦西醫門診；惟仍然對區內市民提供住院服務。
1942	6 月，廣華醫院重開門診，然而只限婦科及兒科。
	護士學校暫停招收新生。
1946	護士學校復課。
1947	戰後，廣華醫院進行全面修葺工程，同時獲政府批准興建新護士宿舍。

年份	大事
1948	改護士課程為四年制，其間須通過「香港護士管理委員會」初級試及高級試。
1952	護士宿舍「司徒永覺紀念樓」落成啟用。
1953	東華醫院董事局倡議重建廣華醫院。
1955	設立「產前檢驗部」；同時，政府原則上願意補助廣華醫院的重建費用。
1956	擬定重建計劃，建議醫院病床數目增至 615 張。
1957	政府答允補助全數重建費用五分之四金額。
1958	東華三院實施新護士學生訓練計劃。訓練分為兩個階段：首階段為統一的初級訓練班，次階段則分派往三院所屬護士學校實習。
	廣華醫院重建工程動工，首階段率先興建中座大樓、東翼大樓及門診部。護士學校新校舍建築工程奠基。
1960	護士學校新校舍落成開幕，樓高兩層，具現代化設備，可容納護士學生 150 人；新護士宿舍同年落成。
1961	政府協助保送護士教師遠赴澳洲墨爾本攻讀護理教育文憑。首位受訓護士教師於次年回港服務。
1965	共計六期的廣華醫院重建計劃完成。
	增設急救部。
	骨科脫離外科，成為獨立臨床專科。
1967	護士學校校長職銜由「東華三院及格教師」改為「東華三院護士學校主任教師」。
	護士學校易名「東華三院護士學校」。
1968	廣華醫院成為全港首批設有深切治療部的醫院之一。
	神經外科成立。
	醫院各級護士長及護士學校合編《東華三院護理手冊》。
1970	東華三院創院百周年紀念，昔日廣華醫院大堂闢為「東華三院文物館」。
1972	「東華三院護理人員會」成立，發起工運，爭取廣華醫院護士與政府醫院護士同工同酬。政府於是年 6 月 21 日宣佈原則上同意東華三院醫務部員工與政府員工同工同酬。
	物理治療部成立。
1979	社康護理部成立。
1981	「余振強紀念醫療中心」正式開幕，為東南亞地區內設備最完善及現代化的醫療中心之一。
	職業治療部成立。
	老人專科病房啟用。
1982	護士學校校長職銜改為「東華三院教育科高級護士長」。
1983	老人科成立。
1985	「東華三院張明添紀念護士學校」開幕。
1986	護士考核以「臨床評核」代替「護校實習室考試」。

年份	大事
1989	翻新護士宿舍工程完成，新宿舍命名為「東華三院何洪奇芬護士宿舍」。
	在東華三院護理人員強烈要求下，院方為在職護士提供專業培訓，並且擴大編制，又承擔因職責而可能引致的風險；此後廣華醫院護士正式履行抽血及靜脈穿刺等重要職務。
	引入「病房庶務員」及「健康服務助理」，藉以支援文書及護理工作。
	院方成立臨床評核部門。
1990	設立腦外科深切治療部。
	與香港大學婦產科合作進行「婦女健康普查服務試驗計劃」，提供乳房及婦科檢查。
1991	5 月 24 日，東華三院與醫院管理局簽訂協議，讓屬下五間醫院加入醫院管理局。
	護士學校易名「廣華醫院護士學校」。
1992	設立專科護士職位。
	內科病房成立腎科透析組，內設病床 13 張，專為護理腎科病人。
1993	「日間外科手術病房」正式啟用。
	廣華醫院護士可以選擇轉職，進入醫院管理局工作。
	「廣華醫院中央護理部」成立。
	護士工作邁向專業發展──護士學生進入手術室須由專科護士「帶教」，在大學完成手術室理論課程者亦須實地觀摩一至兩個星期。
1994	手術室增設新入職護士培訓計劃。
	廣華醫院開始為急症科護士提供專科培訓。
	政府宣佈撥款予廣華醫院進行大型翻新工程。
1995	開設糖尿病專科門診診所。
	護士學校校長職銜改為「廣華醫院護士學校校長」。
	深切治療部及數個專科引入「專科護士」一職。
	設立「護士友導計劃」，旨在協助新入職或加入新部門的護士融入工作環境。
1996	「綜合性乳病治療中心」正式成立。
1997	廣華醫院翻新工程完成，前後為期三年多。
	「磁力共振中心」啟用。
1998	「婦產科輔助生育中心」成立。
	開始有大專院校護理系學生被派到廣華醫院進行臨床實習。
1999	護士學校暫停收生，轉由大學負責培訓學位護士。
2000	「東華三院徐展堂門診大樓」正式開幕。
	輔助生育中心正式開幕。
	血管病診斷中心開幕。
	「核子醫學中心」及「心導管檢查室」開幕。
	「綜合日間手術中心」成立。

年份	大事
2001	「廣華醫院——香港中文大學中醫藥臨床研究服務中心」啟用。
	護士學校將於完成餘下訓練課程後關閉。
2002	護士學校舉行最後一屆護士學生畢業禮。
	助產士課程由為期一年增加至十八個月。
2003	引入「資深護師」一職。
	深切治療部接收一名由廣州來港的 SARS 患者。
	經歷 SARS 疫情，廣華醫院成立「嚴重急性呼吸系統綜合症復康門診部」。
	「一站式腦科跨專科評估團隊」開始運作。
2004	「綜合糖尿病服務診所」成立。
	「東華三院男士健康普查部」成立。
2006	中西醫治療中心開幕。
	「腎科護士診所」成立。
2007	「綜納式產褥中心」成立，由助產士主導，專為自然分娩危險度較低的產婦而設。
2008	香港政府批准廣華醫院重建。
	「廣華醫院助產士學校及護士培訓中心」開幕。
2009	3 月 2 日，東華三院與醫院管理局簽署合作備忘錄，正式啟動廣華醫院重建計劃。
	「東華三院電腦掃描中心」於廣華醫院內成立，使廣華醫院成為香港首家公立醫院配備該項先進醫療設施。
	「泌尿科護士診所」成立。
	護理部取錄廣東省護士在港培訓。
	「東華三院男士健康普查部」易名「東華三院綜合診斷及醫療中心」。
2010	東華三院血液透析中心成立。
	「乳腺科護士診所」通過臨床評核，獲醫院管理局頒發認證。
2011	廣華醫院成立 100 周年。院方正式把「中西醫結合治療」拓展至院內大部分病房，並建立一支由中西醫護人員組成的醫療團隊，定期巡房，共同為病人制定治療方案。
	廣華醫院向本港五間大專院校提供護士臨床培訓。
2012	「修復廣華醫院現存最早（1917 年）出入院總冊先導計劃」順利完成，總冊移交東華三院文物館保存。
	由廣華醫院護理同仁編著的《天使家書 熱和愛的奉獻——廣華醫院護理教育九十年文集》出版。
2013	立法會財務委員會通過撥款 552,700,000 予醫院管理局，展開廣華醫院第一期重建工程籌備工作。
2016	重建工程展開。

參考資料

1. 《廣華醫院重建工程全部完成揭幕典禮特刊》，1965 年 3 月 23 日。

2. 東華三院編：《東華三院年報》，香港：東華三院，1981／1982 年；1982／1983 年；1988／1989 年；1990／1991 年；1991／1992 年；1993／1994 年；1994／1995 年；1995／1996 年；1996／1997 年；1997／1998 年；1998／1999 年；1999／2000 年；2000／2001 年；2002／2003 年；2003／2004 年；2004／2005 年；2005／2006 年；2006／2007 年；2007／2008 年；2008／2009 年。

3. 東華三院編：《東華三院院務報告書》，香港：東華三院，1967／1968 年；1968／1969 年；1970／1971 年；1971／1972 年。

4. 東華三院護理人員會編：《東華三院護理人員會刊》，1989 年。

5. 東華三院護理人員會編：《東華三院護理人員會會訊》，1988 年。

6. 香港東華三院庚戌年董事局編撰：《東華三院百年史略》，上下冊，香港：香港東華三院庚戌年董事局，1970 年。

7. 黃秀顏編撰：《冉冉時光——廣華人的傳承與奉獻》，香港：快樂書房有限公司，2013 年。

8. 廣華醫院編：《廣華百載情——廣華醫院百年紀念特刊》，香港：廣華醫院，2012 年。

9. 廣華醫院護理同仁著：《天使家書 熱和愛的奉獻——廣華醫院護理教育九十年文集》，香港：快樂書房有限公司，2012 年。

附錄二　參與口述歷史計劃的同學名單（按筆畫序）

香港浸會大學

吳浩然　汪意玲　林曉俊　夏鎵烯　唐品恆　麥詩韻　黃小蓉　黎　儀　潘俊昂
蘇盈匡

協恩中學

王綽瑩　王樂晴　任睿琪　呂樂晴　呂曉琳　沈　珞　林悅晴　姚迦祈　徐慧雅
郭欣寧　郭樂言　陳衍穎　陳靖嵐　陳嘉希　孫鎧瀅　張逸喬　黃汝瑩　黃惠欣
黃頌嵐　葉鎧霖　葉穎希　趙晞晴　蔡天欣　蔡睿舒　廖恩臨　廖家宜　歐茵洳
劉愷瑤　盧海瑤　戴慧明　鍾采庭　謝昕桐　謝欣橋　顏穎思　蘇玥生　蘇詠恩
羅曉楠

何明華會督銀禧中學

石信一　李凱晴　呂嘉澤　林卓希　林柏希　莊伊雯　連家鴻　陸昊程　陳俞安
陳桓禧　陳啟康　曹朗延　崔巧怡　許澤楷　張嘉祐　黃梓攸　黃晞由　黃曉程
黃駿炫　楊羲塽　蔡傲霆　廖欣怡　劉卓雅　譚瑋進

鳴謝 （按筆畫序）

文天行助理校長（協恩中學）　　　　陳雅欣老師（何明華會督銀禧中學）

尹敏妍老師（何明華會督銀禧中學）　郭秀媚女士

布燕珍女士　　　　　　　　　　　　郭麗燕女士

朱景欣老師（協恩中學）　　　　　　張志雄先生

余玉屏女士　　　　　　　　　　　　張美儀女士

李志文先生　　　　　　　　　　　　張國安先生

李淑芳女士　　　　　　　　　　　　張慧儀女士

岑素圓女士　　　　　　　　　　　　黃彩雲女士

余愛霞女士　　　　　　　　　　　　雅麗氏何妙齡那打素慈善基金會

何鴻毅家族　　　　　　　　　　　　葉婉玲女士

何麗雯女士　　　　　　　　　　　　廖穎聰先生

周敏姬女士　　　　　　　　　　　　鄭肖珍女士

胡美珍女士　　　　　　　　　　　　潘妙好女士

柯婉媚女士　　　　　　　　　　　　蔡耀倫老師（協恩中學）

俞麗芳女士　　　　　　　　　　　　盧淑芬女士

袁淑恒女士　　　　　　　　　　　　鄺智文博士

徐健強先生　　　　　　　　　　　　鍾巧儀女士

高添強先生　　　　　　　　　　　　鍾麗霞女士

倪詠俁女士　　　　　　　　　　　　戴倩明女士

編者簡介

黃文江

畢業於香港中文大學，獲哲學博士。現任香港浸會大學歷史系教授、社會科學院副院長；並擔任英國劍橋大學歷史學院訪問學人、澳洲昆士蘭大學榮譽高級研究員、加拿大維多利亞宗教與社會研究中心研究員。撰述專書和編輯論集二十二種，與香港醫療史有關的著作包括：*Health Policy and Disease in Colonial and Post-colonial Hong Kong, 1841-2003*（Abingdon, Oxon: Routledge, 2016）；*A Documentary History of Public Health in Hong Kong*（Hong Kong: Chinese University Press, 2018）、《病瘥在抱：香港醫療服務發展與基督教口述歷史》（香港：香港華人基督教聯會，2020）等。

羅婉嫻

香港浸會大學哲學博士，現職香港浸會大學歷史系講師。主要教授香港史、新加坡史和近代中國史等科目。致力研究香港、新加坡及近代中國的醫療史，包括西醫發展史、護理歷史、疫病傳播與控制的歷史和藥物與消費文化等。近年著作有：《香港西醫發展史 1842-1990》（香港：中華書局，2018 年）；"Public Health and Infectious Diseases," in Man-Kong Wong & Chi-Man Kwong, eds., *History of Hong Kong: Themes in Global Perspective*（London: Palgrave Macmillan, 2022）, pp. 261-284 等。

范永聰

香港浸會大學歷史系博士，現職香港浸會大學歷史系高級講師。主要教授韓國史、近代亞洲、中國與亞洲等科目；研究興趣涵蓋韓國歷史、東亞地區文化交流、中國文化及香港普及文化等範疇。著有《事大與保國——元明之際的中韓關係》、《我們都是這樣在屋邨長大的》及《致我們的中學時光》等。

馬少萍

香港大學歷史系畢業，資深傳媒人。曾任職香港電台、《信報》、香港藝術節等。近年致力參與大學的口述歷史計劃，已出版的包括《伊院人‧情‧事：伊利沙伯醫院五十週年口述歷史》、「香港奧運與運動口述歷史研究計劃」的《更快、更高、更強：人生的體驗》、《口傳‧心授：香港專業精神》、《愛‧延續：香港器官捐贈及移植口述歷史 50 載》和《病瘥在抱：香港醫療服務發展與基督教口述歷史》。

（左起）黃文江教授、羅婉嫻博士、馬少萍女士、范永聰博士

責任編輯：郭子晴

封面設計：簡雋盈

排　　版：陳美連

印　　務：劉漢舉

提燈者言：廣華醫院護理教育歷史

□
策劃
東華三院檔案及歷史文化辦公室

□
出版
中華書局（香港）有限公司
香港北角英皇道499號北角工業大廈1樓B
電話：（852）2137 2338 傳真：（852）2713 8202
電子郵件：Info@chunghwabook.com.hk
網址：http://www.chunghwabook.com.hk

□
發行
香港聯合書刊物流有限公司
香港新界荃灣德士古道220-248號荃灣工業中心16樓
電話：（852）2150 2100　傳真：（852）2407 3062
電子郵件：info@suplogistics.com.hk

□
印刷
美雅印刷製本有限公司
香港觀塘榮業街6號海濱工業大廈4樓A室

□
版次
2022年12月初版
© 2022中華書局（香港）有限公司

□
規格
16開（230mm x 170mm）

□
ISBN：978-988-8809-08-0